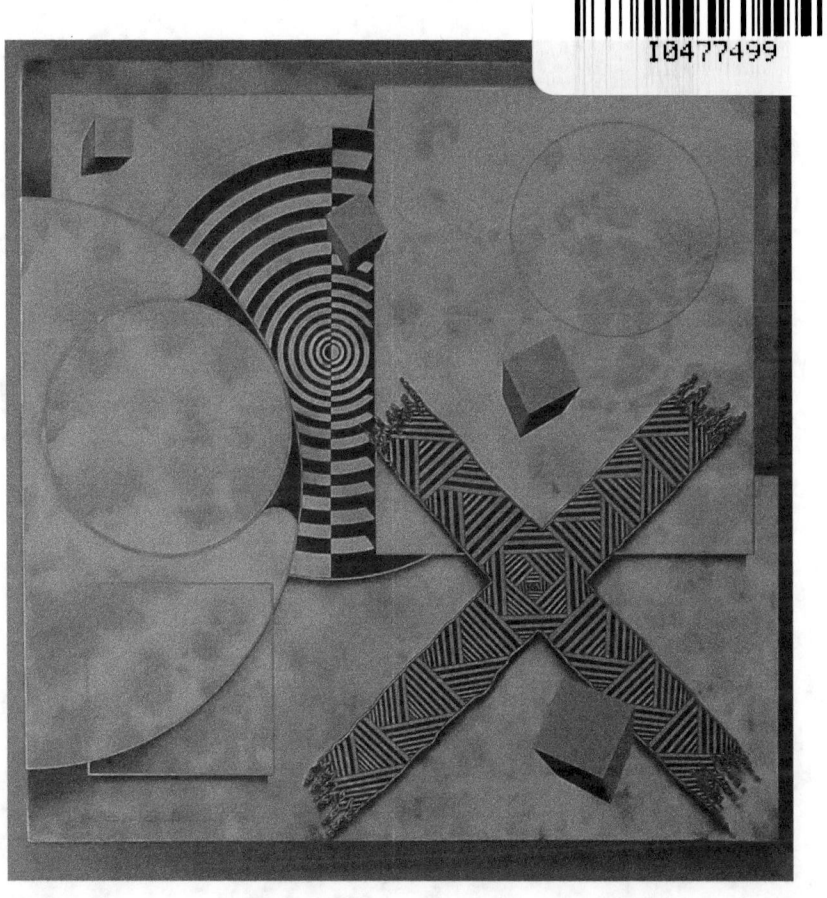

Testimonios

(Palabras al pie de las imágenes)

ROBERTO ROSIQUE

CONTENIDO

Una breve excusa

Una de las razones más comunes del desconocimiento del *Otro,* es justamente, imaginarlo, verlo o por lo menos leerlo desde el valor que adquieren en su contexto, desde la realidad que significa para el ámbito internacional. El arte en su universalidad es también elitista, primero por sus valores intrínsecos donde lo estético se convierte en muralla para la lego; pero sobre todo cuando este se dimensiona desde el peso específico de su valor remunerativo, el que se sustenta en el gusto, en el convencionalismo de una receta normada por el criterio de una hegemonía conveniente y ello, dificulta mirar más allá de las fronteras.

Nos venden la belleza como sinónimo único de excelsitud, de línea que atestigua qué es mejor o peor; el arte bajo esta limitante es fácilmente aceptable, pero lamentablemente restrictivo, comprime su inmenso valor, sustentado en la libertad, en un insumo de mercado; lo subyuga al gusto y a todo lo que únicamente emociona. El arte generado en estos contextos no varía en esencia de lo propuesto en el resto del orbe; no obstante, desde la mirada inquisidora transpolar normas es sustraerse de las posibilidades de ser tomado en cuenta; con todo, aquí como allá se pinta, se esculpe, se fotografía, se produce en la interdisciplina con la misma ilusión que implica todo proceso creativo, sin dejar a un lado las personalidades atrapadas en las reglas que juzgan y certifican.

Testimonios (Palabras al pie de las imágenes)[1], son una serie de textos generados a partir del acercamiento a la obra de artistas visuales regionales del Sur global, en específico del creado desde la frontera del norte mexicano colindante con el país más poderoso y controversial del orbe, los Estados Unidos de Norteamérica. En este libro, escrito detrás del cerco insolente que divide, se develan

---

[1] (*Palabras al pie de las imágenes*), un subtítulo que más allá de leerse como una analogía constreñida a una ficha técnica o como notas al pie de página, que informan sí lo esencial y ofrecen elementos adicionales del componente artístico, puedan finalmente resultar de interés, abreviar la distancia entre el lector y el arte para que al encararlo le otorgue su propia lectura.

caminos, tendencias y valores de las reflexiones que derivan del acontecer cultural, así como de las lecturas de algunos libros monográficos de arte presentados en el contexto; y busca, ser argumento que finca sus bases en la síntesis neutral y de la que se desprende —en consecuencia— algunas subjetividades que no pretenden convencer sino servir de incentivo para que el lector genere sus propias conclusiones.

Testimonios, son reflexiones que intentan traducir a un texto las emociones, suposiciones y deducciones de la forma de pensar del individuo volcado al proceso creativo, buscando entrever en el fruto de sus elucubraciones (forma, contenido y alcances estéticos), —desde de un marco imparcial— voces que den pertinencia a este acercamiento. De ahí, me pregunto si es oportuno revalorizar una estética de la percepción como, dice Catherine Millet (2003:325)[2], que nos permita confrontar nuestros sentidos con la realidad de las obras, sabiendo que esta realidad es lo que, de vez en cuando, marca el límite de la arbitrariedad artística y de su dictadura; que bien puede verse asimismo como una paradoja que propone (o impone) una razón que por muy justa no deja de ser subjetiva.

Testimonio (Palabras al pie de las imágenes), son también memorias que pueden, en otro momento, y aquí tal vez algo de lo más relevante de los motivos de estos textos, redimensionar lo que se produjo culturalmente en estos tiempos de cambios abruptos y fugaces, la forma en que los artistas encararon su presente, y se ponderen sus aportaciones, si es que las hubieron, como un reconocimiento a su empeño y convencimiento.

---

[2] _Millet, Catherine (2003), La crítica contra la arbitrariedad, en *La crítica de arte. Historia teoría y praxis*, Ana María Guash compiladora. Barcelona, Ediciones del Serbal.

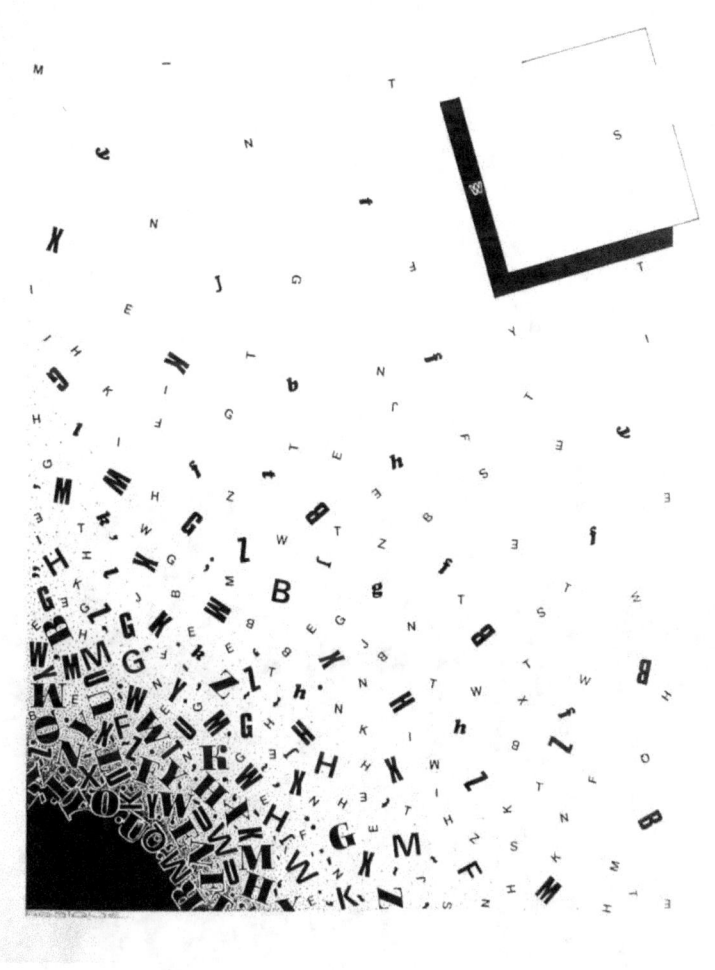

(I)
Palabras para exposiciones y catálogos

La década de los setenta en Tijuana
(La apuesta por la pintura o ¿la única opción?)[3]

A modo de pre-texto:

Reconocer el pasado es garantizar el sentido de pertenencia en nuestro contexto y sociedad, es plantarnos en el presente con la satisfacción del deber cumplido asegurando un futuro justo a todo aquel que apostó y apuesta por consolidación de la comunidad.

La historia joven de nuestro Estado no ha sido impedimento para su desarrollo y en lo cultural, somos la muestra de nuestra capacidad de ajuste, de amoldarnos a los vaivenes de la vida, de dar el salto de la modernidad a esta postmodernidad avasalladora, que ha hecho posible gozar hoy, de un espacio ganado dentro del reconocimiento mundial.

Logro del esfuerzo de una comunidad cultural que viene mostrándose productiva desde mediados del siglo pasado y que comienza a ser reconocida, como tal, en los setenta, cuyo compromiso adquirido por sus autores los lleva a la profesionalización de la plástica en la región, y al ser preámbulo de las nuevas propuestas estéticas que aparecerán en los ochenta sentará las bases del arte que emergerá en décadas subsecuentes. Logros todos que llevarán a Tijuana a ser reconocida como una de las futuras mecas culturales del mundo.

De este periodo productivo, hoy nos entristece la ausencia de más de la mitad de esa generación prodigiosa, y los que restan, aun activos, continúan luchando con los avatares de la postmodernidad, la que parece arrebatarles la importancia de sus valores plásticos, la que en aras de la visión contemporánea le impone un velo y los vuelve fantasmas, incluso, en su propia comunidad. De ahí la importancia de mostrar que los setenta fue un periodo trascendente de la plástica bajacaliforniana, lo que conlleva un reconocimiento obligado a esta generación y un compromiso sin discusiones, para hacerlos visibles a

---

[3] Texto para el catálogo (no publicado) de la exposición "Los 70. Un periodo imprescindible de la plástica en Tijuana". El Cubo del CECUT, 2016

las nuevas generaciones con el fin de que conozcan la relevancia de sus propuestas plásticas.

Lo que es hoy Baja California en el arte y ante el mundo, tiene sus bases en este puñado de hacedores y en su entereza como creadores, de ahí lo indiscutible de su valoración.

El contexto setentero:
El mundo aún convulsionaba por las consecuencias de las revueltas sociales nacidas en el mayo francés del sesenta y ocho, de la primavera de Praga, de la masacre del México preolímpico, del fracaso a la invasión de Playa Girón, de la absurda guerra fría, de los asesinatos de Lumumba, Luther King y Kennedy; cerraba el ciclo con el festival de Woodstock e iniciaba una esperanzadora década saturada de simulaciones de progreso y del afianzamiento capitalista.

En ese panorama, mientras el bloque comunista europeo mostraba su declive, en Chile, con Salvador Allende a la cabeza, nacía el segundo país socialista americano. Tres años más tarde será asesinado tras un golpe de estado orquestado con la intervención del gobierno de Washington y perpetrado por Augusto Pinochet, frustrando así, el sueño liberal. El escándalo *Watergate* decapitaba a Nixon y el final de la guerra de Vietnam se firmaba a mediados de la década dejando en la región oriental la muerte 5.7 millones de personas (la mayoría civiles) y la pérdida de 58,000 soldados norteamericanos. De manera contraria la Revolución de los Claveles, sin disparos ni muertes terminaba con la dictadura en Portugal. El tirano Idi Amín tomaba el poder de Uganda, dejando una huella profunda con las atrocidades cometidas a su pueblo durante casi toda la década de su mandato. El Shah Mohammad Reza Pahlavi era expulsado de Irán, los fundamentalistas, bajo el mando de Ayatollah Jomeini, asumían el poder. Las olimpiadas de Múnich se ensombrecerán con el atentado terrorista de palestinos contra atletas israelíes. El cardenal polaco Karol Wojtyla es elegido papa y adopta el nombre de Juan Pablo II.

Fallecen Charles Chaplin, Elvis Presley, el dictador español Francisco Franco y el líder supremo chino Mao Zedong. El rock también enlutese, mueren por sobredosis de enervantes Joplin, Hendrix y Morrison. Se impone la música disco, la radio, televisión y discotecas, serán acaparadas por el sonido de los Bee Gees, Gloria Gaynor, Donna Summer y una larga lista de intérpretes del género; en tanto que Black Sabbath, Deep Purple, Alice Cooper, Yes, Génesis, Pink Floyd, Led Zeppelin, Kiss, Chicago, entre otros, daban la cara y la batalla por la dignidad del rock, mientras despejaban el camino para el Punk con Sex Pistols y Los Ramones a la cabeza.

La tecnología adquiría una fortaleza poco vista: Intel, crea el primer microprocesador, aparecen las calculadoras de bolsillo y la primera supercomputadora Cray-1; sale a la venta la videoconsola Atari 2600 y el Walkman de Sony. Se concluía la construcción de las Torres Gemelas de Nueva York. La moda de estos años puede resumirse en los cambios comerciales establecidos, los estilos sesenteros de los Hippies fueron inspiradores para diseñadores de marcas, lo unisex era lo "chic", el pelo y patillas largas, pestañas postizas, ropa de mezclilla, algodón y terlenka, tacones altos, hot-pants y una larga lista de accesorios banales, pero en boga, se imponían.

México, inicia la década con el mundial de futbol coronando a Brasil como tri-campeón, la imagen cosmopolita de buen organizador de eventos internacionales no fue suficiente para ocultar la realidad caracterizada por represiones y abismales diferencias sociales. Gobernado por el populismo de Echeverría Álvarez (1970-1976), principal orquestador de la masacre de Tlatelolco 68 y continuado por el despilfarro y corrupción de José López Portillo (76-82). Un periodo (12 años) en el que se incrementó excesivamente el gasto público, provocando desequilibrio en las finanzas del gobierno, un aumento impagable de la deuda externa. La nacionalización de empresas y la banca utilizando fondos públicos, será una solución equivocada pues al ser mal administradas generarán gigantescas pérdidas y un mayor déficit presupuestal.

La pretendida Justicia Social pregonada en ambos sexenios jamás se logra y el injusto reparto de la riqueza amplía más la brecha, los ricos se harán más ricos y los pobres más pobres. Fermentos, todos ellos, suficientes para el brote guerrillero. Lucio Cabañas, asienta su base de operaciones en el Distrito Federal y se desplaza a distintos estados de la República para extender la llama subversiva, su lugarteniente Carmelo Cortés Castro, promueve la creación de las Fuerzas Armadas Revolucionarias (FARM). Aparece la Liga Comunista 23 de Septiembre y la Liga Agraria del Sur, con Genaro Vázquez al frente (serán algunas de las agrupaciones más combativas). El gobierno contraataca, la 27ª Zona Militar, habilita verdaderos campos de concentración en Atoyac, donde cientos de detenidos acusados de subversivos serán torturados, asesinados y más tarde arrojados desde helicópteros al mar o en lugares inaccesibles. El conjunto de estas medidas de represión militar y política, conocidas como Guerra Sucia, encaminadas a disolver los movimientos de oposición política y armada contra el Estado mexicano, dejarán un número hasta hoy desconocido de muertos y desaparecidos. Táctica que les funciona y logran mermar la fuerza guerrillera hasta prácticamente su desaparición.

Con todo, el descubrimiento de nuevos yacimientos petrolíferos brinda una aparente recuperación económica que favorecerá la corrupción y el despilfarro, que al menos dejó una serie de beneficios sociales como el Instituto del Fondo Nacional para la Vivienda de los Trabajadores (Infonavit), el Sistema Nacional para el Desarrollo Integral de las Familias (DIF) y un incremento considerable al presupuesto educativo para la UNAM (como algo de lo más destacable).

Baja California gobernada bajo la administración del PRI por Milton Castellanos Everardo (1971-1977) y Roberto de la Madrid (1977-1983), el primero permanece ligado a la tragedia de "Cartolandia"[4], transformada posteriormente en la costosa zona del Rio; sin embargo favorece la oficialización de la cultura y la creación de las Casas de la Cultura; el segundo se destacará por un sexenio de excesos caracterizados por el nepotismo, corrupción y represión; no obstante, quedará de ese sexenio el Centro Cultural Tijuana (Cecut). Periodos en los que la cultura empezaba a despertar del letargo y de la indiferencia por parte del pueblo y sus gobiernos.

Aun cuando el arte era entendido como una consecuencia social que no justificaba mayores inversiones y el desarrollo del mismo se veía anquilosado, un puñado de artistas demostraban en Mexicali y Tijuana que no eran menesterosos sociales, sino elementos imprescindibles del desarrollo del contexto. Detrás de los progresos en infraestructura cultural edificadas por los gobiernos, estaba los creadores, insistiéndole a la comunidad la relevancia del arte.

Mientras los setentas es considerada por muchos la "década perdida" del rock en México, debido al veto en la radio, televisión, lugares de conciertos y en las casas disqueras, enmarcada en una represión generalizada ejercida contra los jóvenes; la música disco y la balada romántica ocupaban su lugar. Muchas bandas desaparecieron o cambiaron de género musical, Tijuana no quedaría exenta de esos acontecimientos. Cuna del rock nacional, con

---

[4] En 1955 se registró una importante invasión del cauce del río al Oeste del Puente México y así surgió Cartolandia, que llegó a albergar a más de 500 familias en deplorables condiciones de vida. Una imagen vergonzosa para el gobierno que mostraba al extranjero una realidad lacerante. El Primer Gobierno Constitucional del Estado decretó esos terrenos de su propiedad, despojando, ante el pretexto del riesgo de las inundaciones, a las familias mediante actos violentos logrando su desalojo definitivo en los años setenta en que se llevó a cabo la canalización del río Tijuana

personajes y grupos como Javier Bátiz, Tijuana Five, El Ritual, Enigma, Baby Bátiz, Love Army, Peace & Love, Tinta Blanca, Apocalipsis, entre otros más, serán desplazados de la radio y de sus fuentes de trabajo (el Mike's Bar, Blue Note, Oscar's, Tequila, Aloha) por la popularizada música Disco.

La mancha urbana en los inicios de esta década ocupaba una superficie aproximada de 6,500 hectáreas, siendo el principal eje de desarrollo la Avenida Revolución-boulevard Agua Caliente. En el 72 se da inicio a la canalización y urbanización del río Tijuana. Se construye el Centro Urbano 70-76, para dar cabida a 633 familias desalojadas, asimismo otras 950 serán ubicadas en la colonia Reacomodo Sánchez Taboada. En 1975 construyen el fraccionamiento Zona Río Tijuana (Padilla, s/f)[5]. Al final del decenio hubo un incremento poblacional de casi doscientos mil habitantes. Podía vislumbrarse la explosión demográfica característica de la actualidad.

El Canal 12 en Tijuana inicia la transmisión de su programación en color. La Avenida Revolución es ya un referente internacional, sus bares, discotecas, locales de artesanía y el burro-cebra, son atractivos exóticos. El comercio de las pinturas en terciopelo negro vendidas en la avenida alcanza un auge extraordinario.

Tijuana comenzaba a mostrarse al mundo más allá de una zona de desenfreno como había sido encasillada. Los setentas delineaban rutas para el nacimiento del apogeo maquilador ochentero, el crecimiento desmedido poblacional y la riqueza multicultural subsecuente.

Las transiciones en el arte

La humanidad desde la postguerra comienza replantearse los alcances de la modernidad, esta década será testigo de oposiciones a la misma y la aparición de formas distintas de encarar progreso y realidad. En cuanto a los artistas hoy etiquetados de posmodernos, asumían el fracaso de los movimientos de vanguardia como el fracaso del proyecto moderno. Nuevas formas de entender y abordar el arte lo distanciarían de una manera poco imaginada, la plástica adquiría un papel secundario. Se preferencia lo autorreferencial, la cultura popular inicia un camino de protagonismo dentro del arte "culto", la

---

[5] Padilla Corona, A. (s/f). *Ciudad. Desarrollo urbano*. H. Ayuntamiento de Tijuana. Consultado en línea desde:
http://www.tijuana.gob.mx/ciudad/CiudadDesarrollo.aspx

periferia comienza tímidamente a ser tomada en cuenta.

Se apuesta por la hibridación, lo ecléctico, la mixtificación y el nomadismo. Sus autores asumen el arte como objeto y como finalidad en sí mismo, no como vehículo de transmisión de una realidad cultural circundante.

Se va de lo mínimal a lo procesual, hasta la desobjetualización y se retorna a la pintura. Década de intensa actividad innovadora en los países hegemónicos y de remedo en las naciones subdesarrolladas; las reglas y modas eran dictadas e impuestas por los primeros, en tanto que los segundos las acataban, casi siempre y por lógica a destiempo.

El arte en Latinoamérica que se alejaba de lo académico se encontraba salpicado de irreverencias volcadas en expresiones contestatarias como respuesta a la realidad opresiva de los gobiernos. Tal puede ser el caso de México, donde es posible determinar que el movimiento estudiantil del 68 fue detonador de cambios y el germen para la aparición de numerosos colectivos de artistas con ideales distintos a lo establecido. Grupos heterogéneos que llevaron el arte a la calle, que cuestionaron su función y el de las instituciones culturales, que propusieron modos diferentes de producción y difusión a los instaurados por los espacios oficiales.

La producción artística de los bajacalifornianos de este periodo la encontramos inmersa en la exploración de la plástica, bajo los influjos de expresiones emanadas de la Escuela Mexicana de Pintura y de las vanguardias históricas; un número importante de representantes, aunque trabajaban dentro de esas retóricas daban muestras de interés y de preocupación por encontrar otras rutas que los identificara.

Un acercamiento a su historia:
La historia del arte bajacaliforniano, en términos justos, podríamos decir que se remonta a las primeras décadas del siglo quedado atrás, pero que tiene ante sí un legado creativo tan rico en sus representaciones rupestres, que por sus características (todavía pobremente interpretadas) le otorga un pasado con una fuerza cultural poco igualada en el país.

Para muchos antropólogos o investigadores, estas formas, elaboradas de manera sintetizada, mediante pinturas y grabados sobre los mantos rocosos, han sido expresiones indiscutibles de destreza y probablemente, manifestaciones de vivencias, pensamientos y creencias; reflejos de la capacidad intelectual que el hombre tuvo para abstraer y representar su realidad lógica. Cercanas en las formas y en su realización, a lo que concebimos como arte, pero lejanas a la visión renacentista (o acaso griega) que le otorga a éste una particular función y definición en la sociedad, las que irán cambiando a lo largo del tiempo (hasta nuestros días), pero manteniendo su esencia más allá de lo numinoso como atributo y justificación única de su existir.

De su largo periodo misional existen pocos ejemplos de actividades artísticas, por ahí un puñado de dibujos esquemáticos, concretamente de jesuitas (Zdenek, 1976)[6] que dan razón de los habitantes, escenarios y objetos personales, de gran valor descriptivo-histórico, pero únicamente. Del siglo XIX e inicios del XX existen dibujos y pinturas realizadas mayormente por botánicos o científicos a su paso por la península como registro de una orografía, flora y fauna recién descubierta.

La producción artística local hasta el primer cuarto del siglo XX, realizada generalmente como una acción secundaria por individuos, en su mayoría comprometidos con otras actividades que hacían posible su subsistencia, estará supeditada a un ejercicio lúdico de aficionados y si acaso —incentivado por la naciente industria turística— a la elaboración, por algunos profesionales, de pinturas con temas que redundan en un folclor exótico y ficticio, que fluctuaba entre retratos, paisajes, bodegones y algunas obras de contenidos alegóricos, desarrolladas en su mayoría con una técnica elemental. Al no contar con espacios adecuados para ser exhibidas, era usual encontrarlas en sitios comerciales frecuentados por el turista norteamericano.

En la década de los cincuenta aparecen los primeros organismos culturales en la entidad. En 1952 el Instituto de Ciencias y Artes del Estado (ICAE), en 1955 se establece también en Mexicali el primer espacio dedicado a la enseñanza de las artes: la Escuela de Artes Plásticas José Clemente Orozco y en 1956, es creado en Tijuana el Círculo de Arte y Cultura, A.C, quien organizó el primer concurso-exposición de pintura en la ciudad. Un año después será inaugurada la Universidad Autónoma de Baja California (UABC).

En el decenio siguiente la UABC incentivará los concursos de pintura y exposiciones. Esta naciente dinámica cultural y el interés en los artistas por lograr el reconocimiento en su comunidad y sus derechos autorales, los lleva a conformar sociedades. Nace el Grupo Símbolo, alentado en parte, según relata García Benavides (1987), por las decisiones e irregularidades que mostraron los jueces de los

---

[6] _Zdenek, K. (1976), Imágenes de la lejanía. *Calafia* 3(1):18-21. (*Pictures by the Jesuit missionary Tirsch.*

concursos de pintura organizados por la institución arriba mencionada y por la necesidad de tener una voz que los representara ante el gobierno y su comunidad.

Una de las actividades de mayor relevancia organizada por la UABC y el Ayuntamiento de Tijuana en 1963, fue la primera exhibición binacional denominada Exposición Intercultural, en la que participaron pintores de Ensenada, Tijuana, Mexicali y San Diego, California, cuya importancia recayó en los trabajos mostrados en la exposición. Los artistas norteamericanos participaron con obras abstractas, en tanto que los bajacalifornianos lo hicieron con temas figurativos. Ello, relata Chávez Corrujedo (1989)[7], fue un hecho relevante que abría el camino a los artistas locales para nuevas búsquedas. Observación que resulta bastante ilustrativa, pues a partir de esas fechas comienzan a manifestarse cambios en los temas y especialmente estilos de los pintores bajacalifornianos, quienes habían permanecido inmersos en la figuración y el remedo de la vieja academia mexicana de pintura.

Los sesentas, fue una época de aprendizajes, concursos y exposiciones, que comenzaba a revelar la otra cara de una frontera, ya para ese entonces multiétnica; en la década que le continúa veremos a su comunidad creativa explorar más abiertamente el campo de las artes plásticas.

A comienzos de la década será inaugurada la Mexpo 72, una exposición de pintura, grabado y escultura en la que, por vez primera, participaron autores de la localidad compartiendo el espacio con artistas de otros estados del país y que en palabras de Chávez Corrujedo, fue una de las muestras más recordadas, "por el grado de profesionalismo que la caracterizó" (*Ibíd.*, 1989:266). En 1973, Rosendo Méndez realizará un mural en el Palacio Municipal ubicado en la calle Segunda del centro de la ciudad, que será severamente dañado durante la remodelación (2006) de lo que será el Palacio de la Cultura del Instituto Municipal de Arte y Cultura (IMAC), el mismo autor lo reemplazará por otro en un espacio diferente.

Esa agitación creativa de la pujante comunidad artística llevará al Gobierno del Estado a crear un departamento para la investigación y difusión de la cultura en general (la Dirección de Difusión Cultural del Gobierno del Estado de Baja California) que mostrará su interés adecuando instalaciones y oficializando espacios

---

[7] _Chávez Corrujedo, Francisco (1989), "Las artes plásticas, Ambiente Cultural", capitulo XXVI, tomo I, Historia de Tijuana, segunda edición, Centro de Investigaciones Históricas UNAM-UABC, Tijuana, B.C.

para las actividades culturales.

Se reproducen en el estado las creaciones nacionales de las Casa de Cultura, en 1974 en Mexicali, 1976 en Ensenada y un año después en Tijuana, la que será ubicada en uno de los escasos edificios existentes de singular atractivo arquitectónico y mayor significado histórico en la ciudad: la antigua Escuela Álvaro Obregón. Sitio que alberga la primera obra mural en un recinto oficial realizada en 1936 por el pintor Manuel Sánchez[†]. En noviembre de 1977 se inaugura la primera exposición con obras de Ramón Ramírez, Rosendo Méndez, Francisco Chávez Corrujedo, Ignacio Hábrika, Mario Urrea, Ángel Valrá y Armando Becris. Un espacio que ha dado cabida a casi todas las disciplinas artísticas, en donde se han realizado un número considerable de exposiciones a lo largo de su historia y ha sido testigo de momentos relevantes para el arte de la entidad. Fue el abrevadero de cultura más importante en la ciudad hasta la creación del Centro Cultural Tijuana en 1982.

A mitad de la década se realizó la Primera Selección de Pintura (Selección 75), del Estado organizada por la Dirección de Difusión Cultural dirigida por Jorge Esma. La nutrida participación de artistas y la sugerencia de la crítica de arte Raquel Tibol, que había fungido como jurado, dos años después se vuelve a realizar el evento (Selección/Bienal 77), en el que de nuevo la crítica colabora como jurado en compañía de Jorge Bribriesca y Guillermo García Oropeza. De las 200 obras (aproximadamente) seleccionadas, 56 piezas fueron posteriormente exhibidas en el Palacio Nacional de Bellas Artes en la ciudad de México; única ocasión en que este recinto ha abierto las puertas a la plástica bajacaliforniana. De este evento relevante y excepcional, únicamente encontramos a Cátaro Núñez como representante de la plástica tijuanense.

Cabe hacer notar que estas muestras con sus alcances, los comentarios críticos de sus jueces y su exhibición en Bellas Artes, colocaban en aparente superioridad la producción pictórica mexicalense en relación con lo generado en Tijuana y Ensenada; sin embargo, la revisión exhaustiva curatorial para la selección de la obra de los participantes de este periodo, saco a flote una producción pictórica tijuanense de alcances insospechados, con autores sustanciales y transversales, responsables de propuestas arriesgadas e innovadoras, tal es el caso (entre otros también destacados) de Benjamín Serrano (Tijuana, B. C., 1936-1986) y Guillermo Mellado (Tijuana, B. C., 1940-2004), pintores sobrados de experiencia y técnicas que proponían una obra por encima de todo lo generado en el Norte de la República Mexicana. Un Serrano irreverente, creador de una plástica hibrida lograda de la alianza del pop norteamericano, la tradición fronteriza del discurso bilingüe y su riqueza artesanal nacional, así como una producción escultórica única, alejada completamente de la producción academicista regional, y un Mellado que proponía una abstracción (cerebral y pictórica) radicalmente opuesta al expresionismo abstracto norteamericano y al informalismo europeo, una abstracción alimentada de la tradición indígena (con recursos que recuerdan los espléndidos ornatos de la artesanía de Olinalá, Jalisco o las composiciones cromáticamente saturadas compuestas por miles de chaquiras de los huicholes nayaritas), y que en equivalencia, únicamente la propuesta de Rubén García Benavides se encontraba a la altura de la trascendencia nacional. Las razón declarada por algunos de los pintores de no haber participado en los eventos referidos, fue sencillamente por no haber enviado obra a los concursos, así como la desconfianza por los sucesos de las selecciones previas ocurridos en los concursos organizados por la UABC donde el favoritismo había hecho mella de ellos o las dificultades que implicaba el envío de la obra, incluso el poco contacto con la comunidad pictórica mexicalense y las autoridades culturales.

Tiempos de decisiones y esperanza por lograr un reconocimiento en la entidad y en el ámbito nacional, los pintores en Tijuana muestran un interés poco visto, crearán sus propios sitios de exposiciones: El Jardín del Arte en el Parque Morelos, una iniciativa de Waller Huesca y el gobierno municipal. Los talleres de dibujo y pintura a cargo del autor referido en el IMSS y sus exposiciones anuales en las instalaciones del inmueble. La biblioteca pública del parque Teniente Guerrero, los espacios adecuados para exposiciones del Palacio Municipal, la Plaza del Arte del Pasaje Constitución de la avenida Revolución; las galerías de Manuel Mariscal y Ámber Inzunza. Se aprovecharon espacios poco comunes para exposiciones, entre los que se recuerda, según explica Armando García Orso, al Banco Nacional de México ubicado en el centro de la ciudad, que logró traer exposiciones de artistas nacionales notables como Chucho Reyes y José María Servín, entre otros. En 1976 inicia sus actividades el Taller de Artes Plásticas del Instituto Tecnológico de Tijuana.

Lugares de formación y exposiciones que a pesar de su corta existencia fueron esenciales por la concentración de artistas que lograron y afianzaron a la vez, el sentido gremial, el que más tarde se hará manifiesto en sus reclamos por una mayor atención a la cultura. Estos años marcaron el convencimiento en el pintor por demostrar a la sociedad y sus gobernantes, que la actividad artística es una profesión y no un pasatiempo o refugio de desadaptados como solía considerársele. (Rosique, 2010)[8]

Algunos artistas como Benjamín Serrano y Manuel Varrona desde décadas pasadas habían emprendido un viaje de estudio al viejo continente, el que prolongarían por muchos años para retornar con nuevas inquietudes y establecerse definitivamente en los ochenta en la entidad.

Un espacio particular ocupan las pinturas sobre terciopelo negro realizadas en Tijuana, cuya demanda inusitada por la unión americana las sitúa en uno de los pocos momentos que brindaron bonanza económica a los pintores. Del origen en estas tierras de estas obras continúa siendo incierto, Jennifer Heath (1994:6)[9] en sus investigaciones escribe que "El origen preciso del terciopelo en México no es claro. Sin embargo, algunos artistas de Tijuana creen que proviene de Filipinas", versión que no ha sido posible confirmar. Es probable que la hipótesis manejada por el pintor Francisco Chávez Corrujedo —quien realizó algunas indagaciones referentes al tema— sea una de las más congruentes, ya que existen antecedentes que, aún escuetos y dispersos, resultan elementales para justificarla. Refiere que algunos artesanos del centro de la república mexicana, quienes realizaban pinturas sobre terciopelo negro con motivos campiranos, arribaron a estas tierras a fines de los años cincuenta y trajeron consigo algunas obras con esas características o bien, comenzaron a pintarlas durante su estancia en la ciudad. Lo novedoso de la técnica resultó de interés para los compradores norteamericanos, y fue tal la aceptación, que algunos pintores establecidos en la ciudad que trabajaban para el medio artesanal (e incluso realizaban pinturas sobre manta para faldas con motivos mexicanos, estampas de toreros y flores), comenzaron a copiarlas. Resulta una apreciación lógica y aceptable.

La demanda por retratos de ídolos norteamericanos (Elvis Presley, John Wayne, Marilyn Monroe, entre otros) excelentemente realizados, incentivó el mercado y motivó que se involucraran pintores que se mantenían alejados del ámbito artesanal. Llegó incluso a realizarse copias de obras clásicas con esta técnica para

---

[8] _ Rosique, Roberto (2010). *Del arte en terciopelo negro al arte instalación. Apuntes sobre las artes visuales en Tijuana.* México. INBA, UABC.

[9] _Heath, Jennifer (1994), *Black Velvet, the art we love to hate*, Pomegranate, Artbooks.

coleccionistas particulares del país vecino. Algunos de los artistas implicados en la elaboración de obras de este género los veremos destacar posteriormente en otros terrenos creativos.

Los setentas, será una década de afirmación del arte regional, de reconocimiento por los gobiernos y su comunidad, del florecimiento de espacios para su exhibición (las galerías del Departamento de Difusión Cultural del Estado, las instalaciones del Departamento de Extensión Universitaria, Sección Costa de la UABC y la Sociedad de Historia de Tijuana), de trabajo arduo de estos integrantes de la colectividad creativa y junto a ellos, muy cerca, entusiastas promotores culturales como Rubén Vizcaíno Valencia[†], David Piñera, Jesús Cueva Pelayo, entre otros, empeñados en ser testigos, eco y sobre todo, participes activos convencidos de la importancia en la conformación, difusión y reconocimiento de la cultura fronteriza.

La pintura en Tijuana comenzaba a hacer camino, si bien algunos de sus autores se había mantenido, como se ha dicho, repitiendo esquemas del pasado atrapados en esa tendencia pictórica surgida en el México posrevolucionario, que concebía, en términos generales, el trabajo plástico como una nueva representación del mexicano, enfática en la importancia de lo popular y en lo mítico, que encontraremos también como sustrato en el muralismo nacional y regional; estaban otros interesados en explorar diferentes manifestaciones. Las vanguardias históricas serán referentes que poco a poco se irán volviendo más comunes; dentro de estas fue notoria la inclinación por el expresionismo y el surrealismo; como evidente será también, desde otro tiempo histórico, la influencia del expresionismo abstracto norteamericano.

El surrealismo en la localidad continuaba abordándose sobrepasando lo real por medio de lo imaginario y lo irracional, no obstante se hace patente la creación de un surrealismo, la más de las veces influenciado y coludido con otras tendencias, de alguna forma regionalizado, enriquecido por las visiones de su contexto y cocinado en la imaginería de una realidad preexistente, como una forma, tal vez, de denuncia y provocación contra las tradiciones establecidas. El expresionismo será únicamente un recurso técnico empleado para narrar vivencias del contexto, para evocar emociones y una forma también de liberarse de academicismos.

Encontramos referentes de las primeras propuestas abstractas, abordadas de manera esporádica desde el periodo pasado, tal fue el caso de Benjamín Serrano que, a poco tiempo de su retorno a Tijuana, participa en un concurso-exposición con una pieza que titula *La jaula,* a la que un jurado compuesto por profesores de artes plásticas del *San Diego State College* le otorgan el primer lugar; decisión que resultó bastante controversial por ser la única pieza abstracta de la muestra, que ocasionó acaloradas discusiones en la comunidad. Ya en el lustro siguiente otros artistas como Guillermo Mellado, Nina Moreno, Ignacio Hábrika y Ángel Valrá, se ocuparán de igual forma de hacer planteamientos desde la óptica de esta tendencia.

Puede decirse que el origen del surrealismo, el expresionismo figurativo y abstracto en el estado, se encuentra distanciado del que le diera lugar en Europa y Norteamérica; es decir, sin la experiencia directa de vivir las consecuencias de la trans y la postguerra esta generación pictórica crecía y encontraba sentido a su producción desde el imaginario del idealismo, principalmente europeo, del arte como expresión de emociones y sentimientos. Una visión modernista común, podría decir en todas las generaciones del mundo y por obviedad acentuada en los países en desarrollo y no es que fuese una postura equivocada, en realidad existían pocas alternativas para actuar de manera diferente (con la salvedad, insistiría, de un Benjamín Serrano ya abordado anteriormente).

Sin embargo, esta posición, un tanto atrás de las vanguardias, no debe verse como signo de retraso, pues finalmente remedar lo que le conviene a un puñado de comerciantes de la cultura, no puede ser la razón o el objetivo único del arte. El trabajo realizado en este periodo de tiempo es el legado más fiel de la realidad social que vivía Tijuana en los setentas y en ese sentido, la memoria de este periodo se vuelve indispensable.

Al mirar todo esto a la distancia se diluye obligadamente el velo del olvido, aflora la importancia de este periodo creativo y sorprende sobremanera. En la revisión detenida que se hace de su producción plástica se vuelve patente la trascendencia de su ejercicio estético, las piezas que componen esta selección son apenas un atisbo a la riqueza artística en la que no deja de asombrarnos el potencial de aquellos que inexplicablemente han permanecido silenciosos o en el olvido y de los que han continuado con mayor visibilidad dando muestras de sus potencialidades.

Un periodo emblemático, en la medida de ser el introito de una producción pictórica profesional que allanará el camino del reconocimiento a las generaciones subsecuentes y que a pesar de mostrarse diferencias estéticas con los ochentas y con los nuevos abordajes en los noventas y lo que va del siglo actual, los logros y afirmaciones internacionales ganadas a pulso por estos últimos autores, provocada por otros influjos universales y los de este contexto fronterizo convulso, abrevan también, aun cuando sea indirectamente, de las consecuencias, aportaciones y alcances de este fructífero periodo setentero.

Sus actores:
Benjamín Serrano (Tijuana, B. C., 1936-1986)
Guillermo Mellado (Tijuana, B. C., 1940-2004)
Felipe Almada (Tijuana, B.C., 1944-1993)
Carlos Castro (Tijuana, B. C., 1952-2002)
Manuel Cruces (Mazatlán, Sin., 1930-Tijuana, B. C., 2012)
Daniela Gallois (Paris, 1939-Tijuana, B. C., 2006)
Alfonso Otero (Acapulco, Guerrero, 1938-Oxnard, Ca., 2012)
Mario Urrea (Ruiz, Nayarit, 1951-Rosarito, B. C., 2006)
Héctor Casteïón (El Salvador-Tijuana, B. C., 2008)
Tony Maya (Tehuacán, Puebla, 1935-Tijuana, B. C., 2010)
Joaquín Chiñas (Guadalajara, Jal. 1934-Tijuana, B. C., 2003)
Manuel Mariscal (Guadalajara, Jal. 1938)
Joel González Navarro (México, DF, 1934)
Manuel Varrona (Tijuana, B. C., 1936
Rosendo Méndez (Enrique Estrada, Zacatecas, 1935)
Ramón Ramírez (Guadalajara, Jal., 1953)
Waller Huesca (Ciudad de México, 1938)
Miguel Nájera (Acapulco, Gro., 1946)
Juan Badía (Elche, Alicante, Es., 1938)
Francisco Chávez Corrujedo (Guanacevi, Dgo., 1947)
Ángel Valrá (Mexicali, B. C., 1947)
Zulema Ruiz (Tijuana, B. C., 1948)
Nina Moreno (Cuernavaca, Mor., 1948)
Antonio Evalles (Durango, Dgo., 1948)
Juan Ángel Castillo (Chalchihuite, Zac., 1949)
Cátaro Núñez (Los Remedios, Dgo., 1952)
Ignacio Hábrika (Mexicali, B. C., 1953)
Becris Armando (Tijuana, B. C., 1955)

De la naturaleza excepcional a la indolencia
(*Palabras para la exposición "Casi una isla" de Merino, Rivas y Moreno*)[10]

Las artes visuales, aún incontenibles, vemos a sus autores constantemente revitalizándolas y en lucha firme por el reconocimiento de sus valores ante el maremágnum de lo postmoderno que amparado en lo conceptual y lo interdisciplinario, arremeten y hacen a un lado todo lo que, en apariencia, no comparte sus ideales. Ante esta disyuntiva, el oficio adquiere otras obligaciones y esto se vuelve alentador porque implica (para el que está inmerso en lo plástico-visual) un esfuerzo más por dejar atrás los viejos moldes de la complacencia para crear nuevos donde colocar las ideas que se decantan de inquietudes verdaderamente comprometidas. *Casi una isla* (Plástica Sudcalifornia-na), es un ejemplo de estos esfuerzos vueltos imágenes con los pigmentos asidos a lonas de Francisco Merino (CDMX, 1953) y las iconografías retenidas con el entramado digital de Alejandro Rivas (Querétaro, Qro., 1977) y Elizabeth Moreno (La Paz, B.C.S., 1983).

Del primero, pintor por naturaleza, encuentro un gratísimo cambio en su propuesta estética y su postura social, manifiesto ello en estas piezas ejecutadas sobre soportes poco convencionales y algunas lonas recicladas de las campañas políticas recientes; en los que vuelca todo su potencial técnico y amalgama sus ideas comprometidas esgrafiándolas en ocasiones sobre el lienzo. Y cierto es que el reflejo temático del contexto tiene un peso visual resistente a la reflexión, pues el empleo del color vibrante, el trazo claro de las yucas y cactáceas, de la orografía semidesértica y las marinas mismas, representadas con pinceladas rudas y precisas, atrapan y complacen; no obstante, de entre ellas brotan consignas que invitan asimismo a mirar la penuria y el olvido de estos lugares del sur peninsular, que han sido sumamente provechosos para depredadores turísticos empresariales y gobernantes en turno; no así para una

---

[10] Texto para la exposición *Casi una isla (Plástica Sudcaliforniana)* en el CEART, Ensenada, 2018.

población famélica de oportunidades que trabaja con entereza y recibe a cambio poco o nada, mientras ve contaminar sus espacios y extinguir sus especies con plena indolencia de las autoridades y todo aquel que disfruta, desde la cima y la opulencia, estas maravillas naturales.

Francisco Merino resuelve este dilema de una manera determinante, recicla soportes ya sin valor estimativo, prescinde del marco que engalana y plasma sus ideas conjuntándolas en un diálogo entrelazado y así, la analogía adquiere un peso específico: la realidad social es el soporte, las ideas el rechazo a la indiferencia, en tanto que el extraordinario contexto geográfico es representado mediante un espléndido drama técnico.

De los segundos: Alejandro Rivas y Elizabeth Moreno, que han hecho de la cámara el instrumento ideal para documentar el maravilloso espectáculo geográfico de la región y argumentar los inconvenientes provocados por los despropósitos empresariales, las intransigencias gubernamentales y la apatía de una sociedad sumisa que parece comenzar a mostrar cansancio de esa resignación, y clarifican así, con sus imágenes, una verdad que duele, exhibida en la pobreza de una población marginada que consume su vida en la búsqueda de la subsistencia sin que jamás se les reconozca que son también un eslabón cardinal en nuestra esencia fundacional.

Mientras, Alejandro Rivas da cuenta de las enormes dificultades que enfrentan el pescador y su familia para obtener el sustento, que sobreviven y trabajan en la precariedad y las limitaciones, en tanto contribuyen proporcionando alimento a la enorme economía del turismo, la que coludida con los sindicatos explota su esfuerzo justificado con un pago exiguo a sus productos, ante la vista disimulada de un gobierno que se desentiende de sus obligaciones por salvaguardar los derechos legales, educativos y de salud, así como proporcionar la atención mínima para que puedan vivir con mayor dignidad. Una estirpe cuya imagen ha sido romantizada para velar su realidad; un linaje con una fortaleza indómita que ama lo que hacen y lo trasmite a sus descendientes, en espera, quizá, de un mañana más benévolo y justo.

También Elizabeth Moreno, visibiliza ese otro sector olvidado, audaz y valeroso que inició poblando estos páramos semidesérticos, sobrevivió a sus inclemencias, que es ejemplo de la enorme capacidad (tenacidad e ingenio) que el humano tiene para adaptarse y han animado a otros a seguir la aventura de la que, inexorablemente, han aflorado individuos que abusan de su buena voluntad explotándolos junto a su contexto sin que se haga absolutamente nada para enmendarlo.

Resultan verdaderos etnógrafos que documentan esa otra cara humana que conforma una realidad completamente distinta a la que las industrias turísticas invisibilizan con la quimera de un extravagante territorio lúdico que atrapa y vende, cuyas enormes riquezas que genera jamás se extravasan a estos depauperados contextos, salvo por el desgaste de su ecosistema, la contaminación inexorable y la extinción de especies fundamentales para la vida.

Una muestra, cuyo título invita a rememorar esos viejos mapas colonialistas donde la península de Baja California se dibujaba en forma insular; no obstante, aquí el tono suena a reconvención (justa, por cierto) pues a pesar de que las californias siempre han estado unidas al resto del país, nos mantenemos distantes como estados e injustamente silenciosos ante su tragedia existencial, la que ha sido, tal se ha dicho, edulcorada con la propaganda masiva de imágenes exóticas de un paraíso placentero aunque sea sólo para unos cuantos.

El arte aquí retoma una voz necesaria (que había sido soslayada por lo emotivo) para darle sentido a los hechos y eso no es poca cosa.

Bien por ello.

(Tijuana B. C., julio, 2018)

Geometrías
(Como ejercicio tautológico de la forma y sus bifurcaciones a otras experiencias)

"Vamos a unir lo Uno y lo Múltiple,
los uniremos, pero lo Uno se disolverá en lo Múltiple
y lo Múltiple será, asimismo, parte de lo Uno".
(Morin, 1998:110)[11]

Las variantes estéticas del arte y las derivaciones que de ello se desprenden, manifiestas de mil maneras a través de su historia, consignan, desde mi perspectiva, la libertad que lo caracteriza. Las divisiones que conllevan descalificaciones, (incentivadas y atenuadas por el mercado) parecen también ya no pesar tanto; así lo objetual, el proceso y lo conceptual, lo vemos comulgar en este pluralismo sin tantos remordimientos. ¿Qué habría de ser de otra manera? No lo sé; sin embargo, me parece claro el hecho de que cada quien, desde su trinchera, tiene el mismo derecho de abordar el arte como lo considere pertinente.

De ahí que ante esa libertad referida, me pregunto también si debemos seguir esperando a que el autor describa puntualmente su trabajo como ha sido por años convenido (con el entendido que hay obras cuya narrativa es intencionadamente explicita y el fin de la misma es el mensaje) o confiar a que el crítico lo redimensione y desde su perspectiva nos lo ofrezca digerido o definitivamente dejar al espectador que la intuición y sus propias elucubraciones le proporcionen la respuesta. Esto que pareciera un dilema, no lo es en la medida (si es que admitimos verlo así) que el arte explicado -más allá de la aceptación o el rechazo- deja poco al intelecto del espectador por encontrar en la obra otras lecturas; pues dicha aclaración produce una forma de consciencia específica, más aún, si estas ideas las basamos en un supuesto no igualitario dado que ello presupone dependencia de la erudición del explicador.

---

[11] _Morin, Edgar (1998). *El pensamiento complejo,* España: Editorial Gedisa.

Una situación, en cierta forma coercitiva, que exhorta al libre albedrío y que invita a otorgarle al espectador la posibilidad de interpretar o resignificar (incluso intervenir) las obras, sin la necesidad de esa explicación autoral; todo ello como un camino plausible a lo que Jacques Rancière (2010)[12] considera su emancipación[13]. Una idea añeja emanada de las visiones de los neoconcretos brasileños que pugnaron por un espectador autónomo en un arte planteado como ejercicio de libertad (Pequeño, 2013:43)[14], que no alcanzó a visibilizarse en su dimensión real, pero que ha estado presente en el panorama mundial a veces más como justificación que como alternativa.

Creo que el trabajo que ahora nos muestra Cosme Noguerón puede inscribirse, sin ningún problema, en esta libertad pregonada; no obstante, aun cuando esta postura pueda verse como una justificación, la lectura analítico-crítica, así como la más elemental interpretación de cualquier espectador, atada también a subjetividades, logran la circularidad de la obra expuesta. Por tanto, las reflexiones vertidas en torno a estos trabajos deberán entenderse únicamente como una aproximación, jamás axiomática, sin ninguna otra pretensión que mostrar otro punto de vista de esta particular producción.

Pongo el ejemplo con estas obras de Noguerón en la medida de algunas paradojas (intencionales) que encierran y pueden volver complicada la lectura; tal es el caso de las siluetas arquitectónicas, la repetición obstinada de elementos, el concepto de laberinto y geometría, cada una con sus propias significaciones que no siempre corresponden, estrictamente, a lo observable o a la inversa, ser exactamente lo que visualmente declaran. Veamos: siluetas o bultos arquitectónicos con los que rememoramos el sentido de albergue, su valor histórico o simplemente el protagonismo de sus moradores, que no necesariamente es la intención del autor; el laberinto como constructo que aloja una esperanza, que para Noguerón son más

---

[12] _Rancière, Jacques (2010). *El espectador emancipado*. Buenos Aires: Bordes Manantial.

[13] Rancière propone como tesis en el *Espectador emancipado* (2010), la desmificación de roles; expone que el espectador posee su propia capacidad de interpretación, por lo que debe desarraigarse en el creador, los supuestos y creencias que lo sitúan en el lugar del educador de las masas ignorantes.

[14] _Pequeño, Fernanda (2013). *Lygia Pape e Helio Oiticica: conversas e fricções poéticas*. Rio de Janeiro: Apicuri.

alegorías de vida o las reproducciones incansables de elementos que, incluso, en ocasiones llevan la pieza a la abstracción; todo esto desarrollado bajo el ritmo matemático vuelto geometría.

Aquí lo representado no es necesariamente lo que observamos; es decir, lo que pudiéramos entender por lo representado tiene otras lógicas que el autor no se molesta en describir (y no es necesario supongo), y en donde las aproximaciones explicativas del observador adquieren sus propios sentidos. Por ejemplo a diferencia de la abstracción convencional, silente, los componentes estructurales que Noguerón expande en el soporte como un *all over*, que hace descollar en muchas ocasiones en la abstracción, los convierte en textos visuales repletos de narrativas y lecturas múltiples, que podrán ser dilucidados desde la perspectiva individual del espectador.

La geometría elemental (plana, en este caso) como una de las columnas de esta muestra, comprobable en la retórica de elegantes formas euclidianas, dispuestas metódicamente, dan cuerpo, a la vez, a cada una de las piezas; regodeándose en su individualidad y conjunto. La geometría es también la quintaesencia que da forma a la arquitectura que propone el autor, la que veo más como contenedor que como aquella que cuenta historias de lo que representaron o de la otra que exalta egolatrías o superioridades (tal se ha dicho).

Así también quiero suponer que, si en toda arquitectura coherente subyace siempre un sustrato conceptual que mueve al arquitecto a proyectar y a construir, imagino a Noguerón en el mismo dilema, pero en este caso, despojando de lo innecesario la edificación, representándola casi abstracta sin perder la forma arquitectural y sumándole otras intencionalidades, y aun cuando su condición de morada como principio esencial no es el fin, termina siendo la que da cobijo a esta plétora de formas geométricas.

Hace algunos años (cinco para ser exacto) escribí unas palabras para acompañar el catálogo de obras que Cosme Noguerón había concentrado para su muestra: "Lugares, Jardines, palacios y laberintos", realizada en el Centro de Cultura Contemporánea de la Universidad de Granada y reconozco que no fue sencillo, en la medida de mi impaciencia por querer desentrañar de cada una de las piezas su significado; además, bastante influido por las constantes charlas que habíamos tenido en sus estancias de producción en Tijuana, en las que abordábamos los aconteceres de la vida, así como por las consideraciones vertidas en su tesis doctoral: *Aproximación al*

Laberinto. Una panorámica (2010)[15], en la que realiza una revisión exhaustiva sobre el concepto, el que separa en dos vertientes, el laberinto (con minúsculas) físico-cultural, constructo del hombre que crea una esperanza asegurando que es el camino que conecta con ese otro universo en donde se sitúan las respuestas a las preguntas principales, proponiendo una vía que finalmente llevará a ese lugar, y el Laberinto, con mayúscula, que nace de la esencia profunda de la condición humana, de la necesidad que tenemos de interrogarnos sobre nuestra existencia.

El Laberinto fue entonces el eje conceptual de su muestra, que resolvió técnicamente con fachadas arquitectónicas y jardines, equiparándolos al laberinto como construcción que el hombre realiza para protegerse y manifestar su ego o poder; pero también, tal lo decía, como metáfora de su propia trayectoria vital.

Todo ello dio pie a varios intentos aproximativos para llegar a la comprensión del trabajo, en el que finalmente me preguntaba si mis conjeturas, sin aparente asidero con la obra plástica fueron una muleta retórica que resulta difícil de correlacionar al aproximarnos al trabajo o si lo importante de todo ello fue exactamente el hecho de haber provocado reflexiones con las cuales estructuré mi propio a discurso. Me pareció en ese momento, que la osadía del autor por fundir concepto y formas era la respuesta, sobre todo si lo que proponía plásticamente no era la representación de la naturaleza de las cosas, sino las posibilidades de engarzarlas desde ángulos distantes, ante la única premisa de enriquecer las posibilidades expresivas de una obra en busca de múltiples lecturas.

El dilema sigue siendo el hilo conductor sin el cual sería difícil justificar estas consideraciones. En esta nueva producción aún encontramos Laberintos, del que derivan otras propuestas bastante cercanas en cuanto al trato estructural que les proporciona. Tanto en éstas, como en aquellas, preceden al autor motivaciones derivadas de su percepción de la vida, de sus lecturas e intencionalidades estéticas, y al igual que la experiencia pasada, todo ello resultan componentes personales que pueden dificultar la lectura de estos trabajos en la medida de lo autobiográfico y lo complejo por encontrarlas conexas con sus obras. Sin embargo, con las observaciones y el análisis subsecuente, creo haber podido darles cierto sentido a mis interrogantes, sobre todo al establecer las suposiciones estrictamente en lo que me dicta la imagen, las que correlaciono sólo con los

---

[15] _Noguerón, Cosme (2010). *Aproximación al Laberinto. Una aproximación.* Facultad de Bellas Artes "Alonso Cano", Universidad de Granada, España.

avatares de experiencias propias, restándole importancia a otros influjos estéticos.

Encuentro como una de sus particularidades, el énfasis que pone el autor en cada uno de los elementos que componen la obra, los que, no obstante, lo tautológico, cada una de esas creaciones geométricas poseen diferencias (mínimas, si se quiere) que les otorga singularidad y dependencia a la vez, pues en su conjunto conforman el universo que también personaliza a cada una de las piezas. La mayoría de las veces como elementos ordenados y compactos dan cuerpo a las imágenes periféricas, a las siluetas de estructuras arquitecturales, que evocan inexorablemente un pasado; en otras, prescinde de ellas y los disemina ordenadamente sobre todo el soporte a manera de un cosmos reticular que en su conjunto da orden y estabilidad, convirtiendo todo ello en una metáfora de formas que en su individualidad y acumulado, se comportan como un todo entrelazado, como una trama infinita, sistémica y múltiple. Un ejercicio plástico que vuelve difícil no evocar al pensamiento complejo (Morin, 1998, *ibíd.*), multidimensional, completo, que también se reconoce en la incompletud y en la incertidumbre para aceptarse no parcelado, dividido, no reduccionista.

Una analogía equiparable, incluso, al laberinto como metáfora del pensamiento complejo (un acercamiento contemplado también en el texto anterior referido), que nos permite habilitar otros interrogantes, de gestar otra mirada sobre el mundo, incluidos nosotros en él, que nos damos la oportunidad de insuflar sentido en nuestras formas de conocimiento de modo tal que sea posible legitimar experiencias que habían sido desvalorizadas, desatendidas, invisibilizadas e incluso rechazadas o negadas (Najmanovich, 2005)[16].

En la equivalencia que hago con lo *complexus,* cierto es que parto de las formas y como tales, probablemente sólo emocionen; no obstante, desde mi perspectiva la incompletud manifiesta esta hilvanada a la alternativa y ello, a las múltiples posibilidades hermenéuticas, y en esa afinidad con lo complejo me es posible comprender que la incertidumbre, parte inherente de nuestra existencia, es el sustrato que las mantiene vigente; que al igual que el mundo de las formas arquitectónicas es lugar de múltiples debates

---

[16] _Najmanovich, Daniela (2005). Ética y estética del pensamiento complejo. "Estética del Pensamiento Complejo", en *Andamios*. Revista de Investigación Social, Año 1, Núm. 2, Junio, Colegio de Humanidades y Ciencias Sociales de la Universidad Autónoma de México, UNAM: México.

donde se encuentran inquietudes, pensamientos, voluntades e intenciones que se materializan en una forma concreta; estas, sin embargo, trazadas sobre el lienzo son sólo sugerencias, trampas visuales, siempre en proceso de construcción en espera de una mirada distinta que le otorgue otras interpretaciones.

A veces ese universo de retículas y masas estructurales es asaltado por figuras solitarias (un ciprés italiano, un perro, etc.) que en su lejanía y soledad fuerzan a encontrarles un sentido, a hurgar en las intenciones del autor para adjudicarles alguna razón de ser. En ese intento por comprenderlo no es extraña la conexión con algún recuerdo soterrado que se imponga sobre la forma. Una lectura que siempre será otra en la medida de las distintas miradas que las confronte.

De ello, pondría como ejemplo la obra que titula Palacio (2011), en donde la figura diminuta de un perro (comparativamente con la edificación) que parece observar la estructura en una quietud pétrea, arropados por una atmósfera grisácea o de azules atemperados; me resulta difícil no evocar la imagen austera del Perro semihundido de Goya, pero no la del lienzo que Salvador Martínez Cubells colorea en 1873, que hoy pende de un hilo sobre una pared del Museo del Prado, sino de la imagen registrada en blanco y negro años antes por el fotógrafo francés Jean Laurent, saturada en una amplia gama de grises, en la que puede apreciarse la cabeza del can dirigida hacia supuestos pájaros que sobrevuelan frente a un paisaje de base, formado por una gran roca y que fuese parte del decorado de los muros de la casa del pintor en la Quinta del Sordo en Madrid. Obra, esta última, que ha estado colmada de intentos por descifrarla, que en su incógnita y ascetismo, al igual que la de Cosme Noguerón, persuaden a desentrañar el que decir.

Así también, en otras piezas encontramos un listado de nombres griegos compulsivamente colocados a manera de un eco, uno después del otro, comulgando en feliz concordancia con las retículas, que en su tautología, como elocuencia de discursos emanados de lecturas, se hacen patentes con la estética (Arquitectura del Laberinto, 2011. Los perros de Jenofonte, 2012.). Agregados que hacen la diferencia en las formas, como una especie de prontuarios o códigos que problematizan, suman y enriquecen al discurso.

Obras meticulosas y contundentes, alejadas de las estridencias del color con el que conforma sugerentes patrones traslucidos, que dejan entrever otras atmósferas insinuantes a modo de universos dentro de otros universos; que se vuelven un remanso ante la irrupción de formas reticulares que avasallan, que exigen protagonismo, y que, finalmente, terminan siendo una suma de intencionalidades que invaden el silencio y se ofrecen, en su unicidad y conjunto, en una complejidad nada gratuita abiertas a ser leídas o interpretadas desde las personales emociones que evocan y provocan.

Mediante la arquitectura y el Laberinto como morada y metáfora de trayectoria de vida, así como la geometría como principio organizador de la naturaleza, Cosme Noguerón plasma, sugiere ideas y crea un mundo de formas repetidas que la lectura del espectador bifurca a otras experiencias abiertas a permutaciones y polisemias. Alcances difíciles de lograr cuando la representación o la mimesis, son el sustrato y único pretexto para el abordaje plástico. El autor ofrece a la mirada suficientes elementos que emocionan, pero sobre todo, invitan a entretejer pensamientos, que desde mi entender resulta uno de los contrapesos más interesantes y valiosos de estos trabajos.

Tijuana, B. C. México, verano, 2017

De la representación (el acto generoso) a la denuncia
(*El discurso plástico de Joel González Navarro*)[17]

Justificación:

El arte como cualidad inherente del ser humano, como sinónimo de libertad y ante todo, como memoria necesaria siempre será indispensable; de ahí la importancia que su sociedad le dé cobijo y lo preserve. Aunque no ha parecido ser tarea trascendente para el estado, un puñado de ciudadanos encuentra en él razones más allá del impacto estético, lo adquieren y ello, ha hecho permisible su conservación. Al tiempo que implica el resguardo de un pedazo de la historia social que les tocó vivir.

Un recuento de las andanzas plásticas de Joel González Navarro (México, DF, 1934) no es tarea fácil, su obra, extensa, diseminada entre tantos propietarios y sin registro fiel de esa aventura, hace difícil la faena; sin embargo gracias a la visión temprana de sus coleccionistas, motivados en su mayoría por el placer que la obra les genera, encontrarle motivos estéticos suficientes y la apuesta por un valor económico que en su momento ya afloraba, y hacía suponer —al paso de los años— un reconocimiento mayor, dará lugar, felizmente, a su preservación. En esa aventura encontramos gran parte de la producción plástica de este artista.

Esta muestra es prueba palpable de ello, el número de obras de González Navarro en posesión de estos guardianes supera el centenar. Se trata de una compilación diversa en la que podemos encontrar con claridad los diferentes momentos de su producción. Quizá, lo vasto —valga preguntarse— pueda ser insuficiente para elaborar un discurso congruente en torno al trabajo de este creador, sin embargo la presencia de obras ya emblemáticas contenidas en estas colecciones, admiten vínculos diversos y suficientes elementos para un juicio de valor amplio. De ellas son finalmente de donde se extraen los

---

[17] Texto para el catálogo (no publicado) de la exposición Joel González Navarro. *Una retrospectiva*. CECUT, 2013

ejemplos que permiten constatar las apreciaciones vertidas en este texto; a fin de cuentas y así habrá de entenderse, serán sólo aproximaciones que persiguen aportar algunas luces para la comprensión del arte de este singular artista bajacaliforniano.

Resulta un tanto complejo etiquetar períodos (entendido éste como un espacio de tiempo que incluye toda la duración de algo) en la producción artística de Joel González Navarro, ya que si bien existen temas específicos elaborados en un momento determinado al que les confiere ciertas particularidades; estos mismos temas los encontramos en otros tiempos, a veces con tan pocas variaciones que hace incluso (a no ser por la fecha), difícil clasificarlos como una propuesta diferente. De ahí que replantear y revisar la obra desde la temática misma (por lo menos en lo que a esta muestra concierne) permite una ruta más clara para entender las apuestas estéticas de este autor.

El contexto, el retorno y los inicios:
Es imposible suponer una cultura artística desligada de su entorno. La frontera como sitio protagónico que divide (lo de ustedes de lo nuestro) conlleva sus particularidades, pero cuando éstas son trastocadas por acciones que persiguen un beneficio personal, seguramente desbocarán en situaciones coercitivas en las que el más fuerte impondrá sus condiciones. Esta historia se puede confirmar y se remonta a los albores de la pérdida de gran parte del territorio norte-mexicano y aunque es posible rastrear perfectamente muchos actos de intolerancia y racismo, esa es otra historia. Hay sin embargo situaciones que serán germen de lo que marcará la diferencia de esta controversial frontera.

Durante los años veinte (del siglo XX) Tijuana reactiva su economía a expensas de las prohibiciones relacionadas con el juego de azar, el alcohol y la prostitución en la unión americana y se hace notoria, entre otras cosas, por la instalación del casino Aguacaliente (Centro Turístico de Aguacaliente), un excéntrico espacio para el descanso y los juegos de azar, con características muy particulares. La avenida Revolución, en ese entonces su vialidad principal, se caracterizaba ya por la gran cantidad de bares, centros nocturnos y expendios de licores; locales comerciales con ventas de productos de importación y artesanales traídos de distintas partes del país, así como una interesante producción de pinturas al óleo sobre terciopelo negro, cuya originalidad las ubica en un espacio de producción plástica importante en la localidad. Lugares frecuentados por ciudadanos norteamericanos de todas las clases sociales que contribuirán a su desarrollo y a la etiqueta o estigma de ciudad sórdida como será reconocida más tarde.

Durante la segunda guerra mundial, la necesidad de mano de obra para el campo y las fábricas orilló a los Estados Unidos a requerir ayuda del gobierno mexicano, dando lugar en 1942 a un convenio que permitiría la introducción temporal de trabajadores mexicanos al país vecino (los braceros), programa que será extendido a petición de los norteamericanos, hasta 1964. El retorno a casa de excombatientes y su inserción a las esferas de trabajo, sumada a la población bracera laboralmente activa llevará a una sobrada oferta de mano de obra. Ante tal situación y como una medida para regular el flujo de indocumentados, el gobierno estadounidense propondrá la Ley Carter, que otorgaría permisos temporales de trabajo a las personas que hubiesen ingresado a los Estados Unidos antes del primero de enero de 1977, sin embargo, esta ley nunca logró implementarse; no así la exacerbación de las acciones racistas y xenofóbicas que culminarán con las deportaciones y abusos; convirtiéndose, lamentablemente, en características comunes del diario acontecer transfronterizo.

Por un lado, se incrementaba la población regional, fruto de las expectativas generadas por el sueño americano, de las deportaciones y de las dificultades que implicaba el cruce ilegal al país vecino; así como el surgimiento en el estado, a mediados de los años sesenta, de las maquiladoras (plazas de trabajo atractivas para la población desempleada del país) y por otro, el creciente consumo de enervantes en Norteamérica generará lucrativas fuentes de ingreso que fomentarán una nueva cultura de la violencia, la que al paso de los años marcará profundamente la imagen bajacaliforniana. La frontera del Noroeste mexicano mostró un dinamismo insospechado, se transformó en un espacio multicultural floreciente y con amplias perspectivas de vida. Una producción importante de la obra de Joel González Navarro dará cuenta de estas vicisitudes, particularmente las que conciernen a la población desprotegida que busca otras alternativas de vida.

Si bien Joel González Navarro nace en la ciudad de México, vive su infancia en Tijuana donde cursa sus estudios de nivel básico, primarios, secundarios y preparatorios, mostrando siempre una fuerte inclinación por las actividades artísticas. Regresa a su ciudad natal a mediados de los años cincuenta para formarse artísticamente en la Escuela Nacional de Pintura, Grabado y Escultura "La Esmeralda" (1955-1959), que aún poseía reminiscencias del modernismo, con fuertes reflejos de la Escuela Mexicana de Pintura y al mismo tiempo de las sugestivas vanguardias europeas y retorna a Baja California —al término de sus estudios—, impregnado de estas influencias y un desarrollo técnico solvente.

Su juventud se desenvolverá en un contexto citadino efervescente, un Distrito Federal en el que la cultura artística aún mostraba evocaciones de las vanguardias modernas de los movimientos artísticos mexicanos de principios de siglo pasado (el Estridentismo, el Grupo 30-30, el Muralismo, el Taller de la Gráfica Popular y la Liga de Escritores y Artistas Revolucionarios); así como la presencia universal de los movimientos plásticos de la primera mitad del siglo y la participación vivificante de pintores y escultores visionarios preocupados por discursos más cosmopolitas y caracterizados por una profunda y no menos importante concepción artística tales como Manuel Rodríguez Lozano, Agustín Lazo, Frida Kahlo, María Izquierdo, Antonio M. Ruíz, Orozco Romero, Ignacio Asúnsolo, Julio Castellanos, Remedios Varo, Leonora Carrington, Wolfgang Paalen, Germán Cueto, Rufino Tamayo, entre tantos más. Y al mismo tiempo, la emergencia de una atmósfera agitada enriquecida con la aparición de una generación insatisfecha (de la Ruptura) que reaccionaba contra lo que percibía como valores gastados de la Escuela Mexicana de Pintura, que incorporaba en su trabajo elementos más universales, abstractos y sin tendencias políticas, lo que marcará el comienzo de una nueva era del pensamiento artístico mexicano. De esa generación destacaran: José Luis Cuevas, Manuel Felguérez, Lilia Carrillo, Fernando García Ponce, Pedro Coronel, Günther Gerzo, Carlos Mérida, Juan Soriano, Roger von Gunten, Vlady, Mathias Goeritz, Alberto Gironella, Francisco Toledo, Vicente Rojo, entre otros. Coincidentemente, la mayoría vinculados generacionalmente con Joel González Navarro.

Estos cambios en las dinámicas culturales de este escenario cosmopolita impregnarán la formación de Joel González Navarro y estarán manifiestos en gran parte de su dilatada producción artística. Cuando Joel retorna a tierras bajacalifornianas a inicios de los sesentas, la ciudad de Tijuana sostenía su economía, en gran medida, en las ofertas de diversión y mercado de productos exóticos ofrecidos al ciudadano norteamericano, la fuerte demanda de servicios médicos clandestinos como los abortos y los divorcios al vapor. Estos campos facilitadores de ingresos le concedían cierta autonomía con la dependencia centralista del gobierno de la república; de igual manera, el intercambio cultural entre los dos países, con sus respectivas adopciones y readaptaciones de hábitos, comenzaba a revelar patrones, así como una dinámica suigeneris, que la distinguirá del resto de las poblaciones del país.

Sin embargo, el arte —como en el resto del territorio mexicano— era considerado algo intrascendente, un pasatiempo agradable y el privilegio de unos cuantos; nunca una prioridad, pese a los anhelos por el desarrollo cultural de sus habitantes. Los conocimientos relacionados con la cultura en general eran limitados, lo poco que existía se encontraba localizado en círculos muy restringidos, la escasa información sobre la materia era patrimonio, casi exclusivo, de un puñado de individuos con profesiones cercanas al arte y de algunos personajes de la clase pudiente que habían tenido la oportunidad de abrevar culturalmente en otros campos y de expandir conocimientos y experiencias al viajar al extranjero. Estas condiciones, comunes en su momento, colocaban al arte como una actividad subvalorada como trabajo intelectual, instrumento de prestigio y de reconocimiento, y por tanto, completamente desvinculada de la economía (salvo quizá la producción de obras pintadas al óleo sobre terciopelo negro). Una situación harto difícil para el artista que debía depender de su producción. A pesar de todo ello esta condición era, al mismo tiempo, el reflejo fiel de una sociedad emprendedora entregada a una ardua labor que les permitiera forjar un futuro menos incierto y en la medida de lo posible, preocupada también por fraguar una identidad regional.

El arte producido por ese entonces, generalmente bajo estándares académicos, respondía a la recepción y legitimidad que reproducía gustos y percepciones de las altas esferas sociales. Sus excepciones, particularmente temáticas, relacionadas con los cuestionamientos sociales permitían divisar una producción autónoma, mucho más original y propositiva en la que, después de todo, encontramos los asientos del arte porvenir que cosechará los éxitos ya visibles desde finales del siglo que recientemente quedó atrás.

El arte se abría paso todavía con dificultades y si bien aparecían nuevas fuentes temáticas, paradójicamente, eran abordadas con cierta timidez por sus creadores. Joel González Navarro, junto a otros pocos, asumía el reto de plasmarlas cuestionando las arbitrariedades. El reclamo social y la necesidad de cambios encontraban resonancias en el arte. Las tendencias artísticas, vigentes tiempo atrás en Norteamérica y Europa, llegaban tardíamente a esta frontera, Joel González Navarro venía impregnado de algunas de ellas, las explorará y pronto se harán reconocibles en sus trabajos.

Baja California que culturalmente venía evolucionando con cierta lentitud, veremos en la década de los años sesenta manifestaciones que urgían al reconocimiento del arte y sus autores. Aparecían los gremios artísticos, tanto como espacios independientes para la exhibición de obras. El arribo de creadores originarios de otros estados del país (Ernesto Muñoz Acosta, Rubén García Benavides, Carlos Coronado, Arturo Esquivias, Jorge Esma, Margarita Robles y el propio Joel González Navarro, entre otros), darán un fuerte impulso a las artes regionales, que sumados a los alcances nacionales de los intérpretes y las bandas de rock norteñas existentes (Javier Batís, Los Tijuana Five, Peace and Love, Love Army, Ritual, etc.), Baja California y particularmente Tijuana, comenzaban a dibujar otra cara diferente a la ya mítica imagen controvertida difundida desde los curules centralistas.

La alta cultura había encontrado un campo fértil en el que parecía ya no necesitar los recursos y las aprobaciones del centro del país para ser tomada en cuenta. En la literatura fueron manifiestos los intentos por refundar la memoria de Baja California con el profesor Rubén Vizcaíno Valencia y Alfonso René Gutiérrez a la cabeza que propugnaban por un movimiento de *La Californidad*.[18] Se sumarán más tarde periodistas y escritores como Jesús Cueva Pelayo, Patricio Bayardo, Prudencio Rodríguez y Miguel de Anda Jacobsen. La inquietud por agremiarse se hacía evidente; a la postre de un congreso de escritores realizado en 1965, surge la primera Asociación de Escritores de Baja California. Aparece por iniciativa de Vizcaíno Valencia el suplemento cultural Identidad en el periódico *El Mexicano*, espacio que dará abrigo a textos literarios de creadores del estado e impulsará proyectos culturales de índole diversa. Se forma en 1969 el Grupo Imágenes de Mexicali, que redescubrirán a propios y extraños la espléndida geografía peninsular y a sus personajes. El teatro con Jorge Esma adquiere otras dimensiones; más tarde dramaturgos y actores conformarán la primera Compañía Estatal de Teatro.

Por esos años la corresponsalía del Seminario de Cultura Mexicana en Tijuana y el Ayuntamiento local organizó un concurso-exposición con motivo del Festival Benito Juárez en el que

---

[18] "Cuyos logros mayores —según refiere Gabriel Trujillo (2002, p.17)— consisten en tomar conciencia de Baja California y pregonar en poemas, obras de teatro, composiciones musicales, pintura mural y rescate documental nuestro pasado y sus gestas indígenas, misionales, y difundir la canción del progreso material de la entidad que, en aquellos años, se veía inexorable y desde una perspectiva optimista y grandilocuente".
_Trujillo, G. (2002) *Entrecruzamientos. La cultura bajacaliforniana, sus autores y sus obra*s. UABC, Plaza y Janes editores, México.

participaron artistas de todo el estado. El concurso reunió más de un centenar de obras, otorgándosele el primer lugar a Benjamín Serrano con *La jaula*, el segundo y tercer lugares, respectivamente, a Joel González Navarro con *Rostro* y a Francisco Kraus con *Enigma interplanetario*.

El dictamen de los jurados R. Hopkins, Lee Christensen y Joel Rasmusson, profesores de artes plásticas del *San Diego State College*, causó acaloradas polémicas entre artistas y público, pues el primer premio le fue otorgado a la única obra abstracta de toda la muestra (Chávez Corrujedo, 1989:265)[19].

Esta acción controversial, si se quiere, fue determinante, pues a partir de esas fechas comienzan a manifestarse cambios en los temas y especialmente estilos de los pintores bajacalifornianos, quienes habían permanecido inmersos en la figuración y el remedo de la vieja Escuela Mexicana de Pintura (Rosique, 2010:37)[20].

La producción plástica de Joel en esta década la encontraremos repartida entre paisajes, bodegones, naturaleza muerta, retratos de personalidades locales y una particular elaboración de obras de corte indigenista abordados con un colorido poco común en el tema en los que ya era evidente la fuerza plástica del artista y mostraban rasgos claros que más tarde signarán su producción madura. Joel González Navarro, destacaba en la comunidad artística por la solvencia técnica de su obra y por los retos compositivos y estructurales influidos por las vanguardias europeas. Sus obras pasaron a formar parte tempranamente de las nacientes colecciones locales.

Los sesenta, fue una época de aprendizajes, concursos y exposiciones, que comenzaba a revelar la otra cara, la cara cultural de una frontera, ya para ese entonces multiétnica e inmersa entre flujos migratorios y los consecuentes beneficios y calamidades que esto conlleva. Veremos en las décadas subsecuentes generarse cambios radicales en la producción artística, sin embargo la presencia de la actividad plástica conserva su rumbo ascendente en donde la presencia de Joel González Navarro se mantendrá protagónica.

Sus influjos y tendencias:

---

[19] _Chávez Corrujedo, Francisco (1989), "Las artes plásticas, Ambiente Cultural", capítulo XXVI, tomo I, Historia de Tijuana, segunda edición, Centro de Investigaciones Históricas UNAM-UABC, Tijuana, B.C.

[20] _ Rosique, Roberto (2010). *Del arte en terciopelo negro al arte instalación. Apuntes sobre las artes visuales en Tijuana.* México. INBA, UABC.

En el entendido de que las clasificaciones y comparaciones son irritantes e injustas, para ambas partes, sí pueden actuar éstas como campos referenciales que nos permitan una mejor comprensión en estilos, tiempo y espacio del trabajo analizado. Aclaración que se hace ineludible, pues ahí se fincan muchos paralelos de este acercamiento a la obra de Joel González Navarro.

Si bien las influencias nacionales son notorias y se pueden constatar en las reminiscencias (temáticas) de la Escuela Mexicana de Pintura, el entusiasmo que provocó en él la obra de caballete de Diego Rivera (1886-1957) que lo encontraremos estrechamente manifiesto en el abordaje que hace del retrato. La atracción que siente hacia las tendencias expresionistas se reflejará contundentemente en la mayor parte de su producción, que como fin aclaratorio resultaría pertinente plantearlo como lo explica Chilvers (2007:334.)[21] "expresionismo" —en minúsculas— como término genérico y "Expresionismo" –en mayúsculas– para distinguirlo del movimiento alemán. Lo que tampoco invalida la postura de González Navarro de abordar, de una manera diferente, la realidad y expresar de forma más subjetiva la naturaleza y al ser humano, dando primacía a su visión interior más que a la descripción objetiva de la realidad.

Estas particularidades de estilo serán palmarias en el trato que dará a la figura, evita la sensualidad en sus obras y se deshace de suntuosidades para ir directo al tema. Recurre para la configuración de las formas al trazo recio, con cierto rigor geométrico. La rectitud o poses estáticas de sus personajes, las pinceladas sueltas y la gama cromática que circunda entre el claroscuro velado y el color plano, las dramatiza casi siempre con la línea de un grosor generoso con las que conforma sus figuras. Características ostensibles en la producción de los sesenta y ochenta, que muestran, además, patentes influjos de las soluciones expresionistas propias de la pintura de José Clemente Orozco (1883-1949). Si bien es cierto que esa visión trágica de la existencia del drama nacional (e internacional) y de la crueldad inherente al género humano, que distingue prácticamente a todo el trabajo de Orozco, la encontramos también en un número considerable de obras de Joel González Navarro, sin embargo este autor no conforme va más allá, le adosa otras soluciones y ese mundo agobiado y desgarrado que alude al desarraigo, a la migración forzada, se coinvertirá en una de sus líneas distintivas.

Encontramos también que muchos recursos con los que

---

[21] Chilvers, Ian (2007). *Diccionario de arte*. Alianza Editorial, Barcelona.

realiza sus composiciones y las explosiones de color, cuando así lo decide, acercan indiscutiblemente a la obra de Jorge González Camarena (1908-1980), En un número considerable de sus obras se encuentran componentes verificables que remiten a este autor, de manera particular en los trazos, la desestructuración de la figura que parte de la fragmentación y repetición de elementos. Las soluciones coincidentes se pueden confirmar en varios ejemplos de Camarena: *Fusión de dos culturas*, mural del Castillo de Chapultepec, (1963), algunas imágenes de la atmósfera del mural a *Belisario Domínguez*, del Senado de la republica son determinantes, en la obra *Canción de esperanza*, (1975); inclusive en ese periodo, donde idealiza a la mujer mexicana afanosa, como emblema de belleza, sumisión, nacionalismo y felicidad, rodeada de un paraíso exuberante de flores y alimentos productos del fértil suelo mexicano, la veremos reflejada en la obra mural de Joel González Navarro.

La literatura mexicana se extravasa también en sus trabajos, más aun cuando el protagonista es ese pueblo olvidado de México que trae a cuesta tantas calamidades. Aquí Navarro apela a sus lecturas (y recuerdos) y logra una obra admirable, hondamente sentida, "que pinta lo externo y radiografía lo interno con gemela verdad y exactitud", empleando, a propósito, una descripción que González de Mendoza (1990),[22] hiciera en un ensayo de 1952 sobre la obra de Mariano Azuela y que por su equivalencia con la obra de Joel, la encuentro una descripción precisa.

Juan Rulfo plasmó en sus narraciones no sólo las peculiaridades de la idiosincrasia mexicana, sino también el drama profundo de la condición humana, sus imágenes y las atmosferas que emanan de ellas pueden verse figuradas en algunas etapas de la producción plástica de González Navarro. Podría pensarse, inclusive, que la fotografía rulfiana tuvo injerencias en las obras de Joel —que no es el caso—, sin embargo es la coincidencia en las imágenes de ambos autores lo que llama la atención. Las fotografías de este autor no son documentales sino, como señala Erika Billeter (2001:39)[23], Rulfo condensa la realidad en cada imagen fotográfica a fin de sublimarla estéticamente. "En ellas —insiste esta autora— las personas parecen sometidas a un ritmo propio. Incluso cuando están trabajando

---

[22] _González de Mendoza José M. (1990) *Ensayos Selectos de José María González de Mendoza*. La "Garra" de Mariano Azuela *(1952)*. Edición del Fondo de Cultura Económica. México.

[23] _Billeter, Erika (2001) Juan Rulfo: imágenes del recuerdo. *México: Juan Rulfo, fotógrafo*. Lunwerg, Barcelona.

permanecen en calma. Sus gestos y movimientos tienen la atemporalidad de un rito"; no resulta extraño encontrar estas consideraciones fieles en las imágenes de Navarro.

Las influencias europeas las encontramos filtradas también en algunos momentos de la producción de este pintor y las evocaciones de Chirico no serán la excepción. Su acercamiento al surrealismo lo encontramos trasportado a nuestra condición nacional. Se pueden observar, del mismo modo, los recursos empleados por los futurista para infundirle movilidad a la imagen o algunas soluciones emanadas del cubismo, tal es el caso de *Edificación*, (1961), donde no es el color, (no obstante hay una austeridad cromática) sino la línea y los componentes geométricos con los que desestructura planos, crea la(s) figura(s) y al mismo tiempo compone el cuadro; producto no de la casualidad, sino de un proceso de creación meditado y consciente. Aunque esta obra de Joel no se caracterice por la ruptura total con el procedimiento imitativo.

Los influjos serán siempre cómplices generosos en el trabajo de Joel González Navarro. Extrae de ellas elementos claves que digerirá para volcarlos en una obra personalísima, que a la larga se convertirán en sustentos de la producción plástica bajacaliforniana.

Entre el símbolo y las alegorías:[24]
La civilización precolombina mesoamericana, con su alto grado de sofisticación tecnológica y cultural, entre mitos y verdades llega a nosotros colmada de añoranzas para ser transformada en orgullo nacional; de ahí que no resulta extraño que esa visión nacionalista postrevolucionaria se encuentre impregnada de estas nostalgias y en el imaginario colectivo se idealicen aún más por ese deseo de esperanza. Joel González Navarro no queda exento de ello, su generación tampoco lo estuvo. Esta necesidad por identificarse con el nuevo mexicano capaz de enfatizar con lo mítico, lo religioso o lo popular, que invadiera el espíritu de la Escuela Mexicana de Pintura, continuó presente a manera de un camino de libertad, nacido como defensor de la mexicanidad frente al extranjero y la aspiración por conformar una única etnia cultural; es decir, una verdadera nación

---

[24] En palabras de Arnold Hauser (1998:448), "la alegoría no es otra cosa que la traducción de una idea abstracta en forma de imagen concreta, por lo que la idea continúa en cierto modo siendo independiente de su expresión metafórica y podría incluso ser expresada de otra forma, mientras que el símbolo reduce la idea y la imagen a una unidad indisoluble, de manera que la transformación de la imagen implica también la metamorfosis de la idea".
_Hauser A. (1998) *Historia social de la literatura y el arte*, Debate, Madrid.

como tanto anheló el sentir vasconcelista. Este espíritu nacionalista —como un recurso de estado— fue entendido, aceptado y concebido a manera de aliciente por un porvenir venturoso, que desde la visión de José Revueltas[25], la reivindicación de una visión plural de la realidad tenía un objetivo político que bajo el universalismo revolucionario se negaba y trataba de ocultar la lucha de clases. En torno a estas premisas, que admiten discusión por ambos bandos, se enriquecían las atmósferas creativas y permearon el ambiente por muchos años, vigente incluso, durante la contracorriente y avanzada de la generación rupturista de finales de los cincuenta y de otras tendencias que abrevaban de las vanguardias históricas.

La pintura alegórica de Navarro se verá impregnada de estas cuestiones y será una postura honesta que daba razón de los avatares que vivía una sociedad aún flagelada por la realidad de una revolución trunca, por la desazón de héroes que se desmoronaron al confrontarlos con la realidad, tornándose convencionales y útiles para esa nueva estirpe que se repartía el botín de la nación; así que añorar el pasado precolombino encendía la flama de la ilusión perdida.

Todo ello girará en el imaginario de Joel González Navarro y lo representará en lienzos desde su particular interpretación simbólica y alegórica una y otra vez. Lo mismo sucede con la cultura regional —más antigua que la mexica (7500 DC)— ejemplificada en los abrigos rocosos de la península de Baja California (colmados de ejemplos pictográficos, representados por símbolos, figuras humanas y animales). El autor retoma esas imágenes y coludidas con las leyendas generadas por las etnias descendientes (Cucapá, Kiliwas, Pai-pai, etcétera) las reinterpreta e incluso, crea sus propias alegorías.

Libertad o muerte, (1985*)*, es un particular ejemplo de esa alegoría plástica con las que Joel reinterpreta tradiciones, abusos y consecuencias; un afán del autor por fundir una cultura entre los sedimentos y sus derivaciones. Joel parte de dos elementos comunes de la cultura mexicana: el maguey y el indígena; el primero enraizado fuertemente al segundo. El indígena rasgado, estereotipado en su condición menor, excluido, infrarrepresentado y engañado espiritualmente, muestra al México sectario y racista. El maguey de

---

[25] "La pintura mexicana revolucionaria realiza hasta su grado óptimo la necesidad más apremiante de la ideología burguesa: el disimulo de las contradicciones de clase en el complejo social del país y la negación de que existe un contenido burgués en el régimen estatal imperante". Revueltas, J. (1959:261) Escuela Mexicana de Pintura y novela de la Revolución. *Cuestionamientos e intenciones*, mencionado en *Los días terrenales* de José Revueltas, (1996), Evodio Escalante, (compilador), Alca XX, EDUSP. México.

donde deriva el pulque considerado en el México antiguo una bebida sagrada y su consumo sólo permitido a sacerdotes en determinadas ceremonias y de manera más o menos libre, a los ancianos y enfermos; prohibido en los jóvenes en quienes la embriaguez era severamente castigada; se convierte en tradición trastocada por la conquista y sus corolarios, y en donde el alcoholismo en la población indígena parece transformarse en una regla. No es consecuencia extraña suponer que las trasgresiones brutales de las normas indígenas, aunado a la pérdida de identidad y la nueva ambigüedad moral de los conquistadores, promoverán un clima propicio para estas derivaciones.

El artista describe en esta pieza una revolución frustrada, un anhelo de tierra y libertad mancillado y diluido por intereses mezquinos; los bocetos (esbozos) —como paradójica realidad— dan cuenta precisa de ello. Reduce la obra a un campesino lacerado por su propia cultura trasgredida (la del maguey-pulque), en el que mezcla sedimento y consecuencia, y lo personifica segregado, subestimado, humillado, alcohólico, pobre e ignorante (incluso crucificado). Esta dolorosa alegoría que denuncia un hecho irreparable, como historia maniquea que mantiene sus posturas opuestas sin puntos intermedios y como brutal paradoja, ahora, pende de un hilo sobre el muro fundida en la avenencia de la estética y la banal nobleza del buen gusto.

Las palomas al vuelo plasmadas en la obra de González Navarro tienen connotaciones universales que se desprenden de orígenes judo-cristianos, tal como la tradición la pregona: el fin del diluvio en el que Dios queda de nuevo en paz con la humanidad (representado por una paloma blanca con un ramo de olivo en su pico simbolizando el deseo de mantener la paz alcanzada). Sin embargo las palomas siempre en vuelo o lanzadas al vuelo como mensajeras, pintadas por el autor en estudio, se vinculan más con el anhelo perpetuo de alcanzar la paz, la esperanza de una concordia que —cada vez— parece disiparse más y más.

En otras series, las aves blancas se desprenden del individuo, en algunas parecen hacerlo de un manera festiva, coronándolo incluso, en conformidad con un espíritu pacífico en donde el color armonioso remarca esa condición satisfecha.

En otras obras, encaran y encarnan un drama, las aves se alejan de la imagen como en un desacuerdo, tal cual las vemos en la obra *Autorretrato. Raíces, libertad, tierra*, (1970) en donde una cabeza desprendida de su tronco y sus raíces, se disgrega y se transforma en palomas que se separan, que huyen, al igual que el ser solitario pintado en la porción inferior izquierda; que parece alejarse de un pasado espinoso y camina arropado en su pobreza hacia un horizonte sombrío en busca de esperanza que como virtud *infusa* —según Tomas de Aquino—, capacita al hombre a tener confianza y plena certeza de conseguir vida eterna y los medios naturales o sobrenaturales necesarios para alcanzarla, apoyado en el auxilio omnipotente de Dios. No obstante, hay algo más terrenal en el empeño mostrado en esta obra que se sostiene en la fuerza de su anhelo por despojarse de sus miserias. Joel es consciente de la fuerza de este símbolo y lo emplea en cada tema con el poder que suscita: como un emblema de avenencia, pero también de reclamo por un porvenir más justo.

Las flores en el trabajo González Navarro, (particularmente los alcatraces y girasoles) se convierten en un complemento que va más allá de otorgarle al cuadro una atmosfera armoniosa, su presencia parece apegarse a su predilección por ellas y a su correlación con el género femenino en las connotaciones culturales que de éstas se desprenden; es decir, reflejo de buen gusto y belleza; contrarias a otras analogías relacionadas con la fugacidad de la vida y la inutilidad de la vanidad humana.

Sus trabajos en este género remiten a los múltiples retratos realizados por Diego Rivera cuyas protagonistas frecuentemente acompañaba de alcatraces y girasoles, (*Día de las flores*, 1925, *Niña con alcatraces*, 1940, *Retrato de Natasha Z. Gelman*, 1943, *Vendedor de flores*, 1949, *Niña con girasoles*, 1945, *Muchacha con girasoles*, 1946, *Desnudo con girasoles*, 1946, etcétera.) Estas últimas de franca invocación a la cultura indígena. Los girasoles originarios de América conocidos por los aztecas como *chimalxochitl* o flor de rodela o escudo; no así los alcatraces, una especie nativa del sur de África cuyo origen en México probablemente se remonta a la época colonial, traída de España como una planta exótica que se cultivará ampliamente como ornamental y será frecuente encontrar en los mercados postcoloniales; equivocadamente mostrada por Rivera como una planta nativa de México como se constata en los murales que realiza sobre el pasado indígena (*Mercado de Tlatelolco*, 1942, del Palacio Nacional, México, DF). Cierto es que esta obra mural cercana a sus ideales comunistas, en cierta medida de denuncia social, en la que Rivera intenta reflejar la vida apacible y de alguna manera la realidad idílica de los indígenas en contraste con la acción brutal y despiadada protagonizada por los conquistadores españoles (una visión maniquea de la historia, el arte y la política como la describe

Lelia Driben, 2000),[26] se contrapone, incluso, a las connotaciones que los mexicas otorgaban a las flores como ejemplo de renacimiento y sobre todo por su asociación frecuente a la figura masculina. Se dice también que la presencia de alcatraces en sus retratos aduce —por las sugerentes connotaciones eróticas que conlleva— a un acto complaciente con las predilecciones de su compañera Frida Kahlo; analogía que probablemente no fue contemplada por Navarro, por lo menos en el retrato. Lo real de todo ello, es la coincidencia temática que refuerza la enorme influencia de este autor en las obras de sus contemporáneos inmediatos, de la que Joel no sale exento; sin embargo, la presencia de estas flores en la obra de González Navarro sugieren otras motivaciones.

El retrato:
En los retratos plasmados por González Navarro —en sus diferentes periodos—, la representación es la mediación que hace posible la inteligibilidad de su mundo y no en el estricto sentido de la búsqueda de la fidelidad, sino en esa "labor indagatoria autotélica, como escribe Ramón Almela (2009)[27], un mirar hacia dentro de la propia disciplina donde convergen la expresión del autor, la fisonomía del retratado y el estilo constructivo pictórico", de tal manera que estos no difieren de los objetivos tradicionales que la historia les ha impuesto a través del tiempo, es decir, cumplir con una función representativa, a la vez que categórica, en cuanto a signo de *status* se refiere, de ahí su función casi siempre —marcadamente— complaciente; aunque no por ello sin valía.

Es claro que en cada una de estas piezas la entrega de Joel González Navarro por desentrañar los rasgos somáticos y la expresión psicológica del individuo se hace obvia, pues configura y concentra la voluntad de presentar la expresión vital de los representados. El tratamiento en cada pieza es particularizado (aún en la recurrencia de agregados como flores y del medio empleado que por lo común es óleo), en la manera en que aplica el pigmento, el manejo de veladuras en los rostros femeninos (e infantiles), las pincelada ligeras que le permite moldear gestos y suavizarlos. No así en las imágenes masculinas que a través de la pincelada fugaz o la plasta cromática dejada por la espátula, marca el gesto abruptamente

---

[26] _Driben, Lelia (2000) Diego Rivera, arte y revolución, *Letras libres*, No. 15.
[27] _Almela, Ramón (2009) *Discernir entre arte, imagen o retrato*. Consultado en la Red   desde:
     http://www.homines.com/arte_xx/arte_representacion_realidad/index.htm

para demostrar la rudeza o severidad de un carácter varonil, valiéndose en ocasiones de suaves rasgos geometrizantes, (La diversidad de retratos indígenas son ejemplos precisos de ello). No obstante el género, las representaciones usualmente las encontramos moduladas por una integral gradación tonal y excepcionalmente, connotando el entorno del retratado.

El retrato producido ampliamente por este autor, limitado en su formato, centrado en la linealidad de la representación, posee por la técnica su huella indeleble y protagónica. Ello supongo, lo exenta de etiquetas que confieran rangos de calidad (calificativo con tantas aristas que suelen terminar en apreciaciones subjetivas signadas por el gusto). Su dominio, consecuencia de su propio convencimiento, le otorga el peso de su profesionalismo.

El bodegón:
Este género abordado por Navarro no escapa de la esencia romántica en su típica recreación mexicana, cuyos elementos: jarros, cafeteras, sandias, papayas, naranjas, etcétera, repite con cierta regularidad; sin embargo el tratamiento técnico se muestra siempre variado y enriquecedor.

Por un lado, refrenda la disposición academicista defendida ésta a partir la realización de las pinturas desde el modelo natural, vinculadas con la falacia perceptiva de nuestros sentidos, explicada bajo los apriorismos espaciotemporales de la geometría euclidiana; es decir, el virtuosismo y detalle técnico, para sugestionar a los sentidos que perciben una realidad sugerida. (Podemos encontrar también esta tendencia en algunos de sus retratos hechos por encargo, donde el parecido y el maridaje entre modelo y obra implicaban la aceptación definitiva de la pieza). El resultado: piezas cuidadosamente ejecutadas que reflejan un momento particular de su producción y una técnica cabal sin discusiones.

Y por otro lado, encontramos obras que rebozan de influencias vanguardistas que hacen perceptibles sus preocupaciones por una organización espacial geométrica, que muestran la independencia entre color, forma y línea; obras en las que recupera la profundidad mientras los elementos, cada vez más reducidos, los presenta sin ensamblarse sobre una mesa, ocupando su propio espacio y respondiendo a un ritmo estructural. Todo ello a manera de un postcubismo —empleando palabras de Jaime Esain (1989)[28]— que no ofrece la forma-imagen, sino la forma-realidad. No tanto imitando la forma de las cosas, sino creando otras originales.

Aunque Navarro se mantiene alejado de la tendencia estrictamente costumbrista, retoma en ciertos momentos este estilo, vuelve los ojos al pueblo e insiste más en las figuras aisladas que en las escenas infundiéndoles cierta teatralidad y envolviéndolas, con frecuencia, en una atmósfera vaporosa sin fondos paisajísticos de sabor local. Hay sin embargo una intención de evidenciar ese México oculto, cuyo desarrollo nacional ha dejado a estas clases indígenas relegadas y al margen de las políticas sociales.

Compromiso y madurez:
El trabajo heterogéneo y dilatado de Navarro encierra sorpresas, salta del retrato al bodegón y a obras de un discurso solemne donde trasluce, con fuerza y bastante nitidez, su condición creadora. Sus influencias están ahí, enriqueciendo su visión sabia, mostrándolas para que se puedan entender los alcances de sus propias representaciones. Transpiran influjos nacionales y universales, y los resignifica en un contexto rudo como es el fronterizo. Sus desarraigados, descosidos, migrantes, indocumentados o futuros ilegales, viviendo a diario sus tragedias, aquellas que por lo común inician al renunciar a una parte de su vida cuando abandonan su lugar de origen y culminan, muchas de las veces, en una incertidumbre pasmosa.

De estas series derivan obras preñadas de emblemáticas evocaciones rulfianas, tal es el caso de *Niña dormida* (1961), una espléndida pieza de formato pequeño estructurada en tres planos, en los que conjuga felizmente atmósfera y figura en un drama postrevolucionario, fecundado de desolación congoja y esperanzas. Una niña recostada en el suelo duerme plácidamente ataviada aún con su vestido blanco y la escarcela del mismo color con su tocado floral de comunión. Asoma la inocencia y la ilusión de un porvenir mejor. Un momento de feliz regocijo para sus padres porque allanaron su camino al cielo y de tristeza profunda por la realidad inherente: el mostrar al mundo una niña-mujer lista para enfrentarlo con su pobreza y condición sumisa (ante Dios y el hombre que verá en ella al objeto carnal que, además, esparcirá sus semillas). Frente a ella, un

---

[28] Esain, Jaime (1989) Historia del dibujo y sus circunstancias. Algunas reflexiones sobre el dibujo. *Museo de dibujo Castillo de Larrés* editado por la Diputación de Huesca. España

alcatraz que refuerza su belleza femenina y presagia un destino pecaminoso; una fatalidad intensa, brutal y dolorosa.

Una obra compuesta con exiguos elementos que ofrece un abanico amplio de lecturas. La figura yacente, su composición horizontal y sus contrastes verticales (personajes del fondo y edificaciones), pero sobre todo el drama del color templado por el atardecer, que remite a *Las músicas dormidas* (1950) de Tamayo y al mismo tiempo, a las singularidades logradas por Chirico en sus paisajes urbanos, cuya proyección de sombras, al igual que la de sus personajes furtivos, resultan protagónicas y crean un espacio atemporal donde prima la calma y el silencio. Sin embargo, Navarro en esta obra desgarra la serenidad con lo atroz de sus evocaciones y deja un vacío, difícil de llenar con halagos y esperanzas. El arte es así, estruendoso o silente por esa fuerza que arriba a las conciencias y deja que afloren los sentimientos que plazcan.

Otra obra emblemática es *Éxodo*, (1996), compuesta por una familia de tres miembros — que al igual que la pieza anterior, parecen sacados del realismo mágico de Rulfo—. Caminan descalzos a contracorriente hacia un lugar desconocido que alivie las penurias, que brinde aliciente a esa vida depauperada por la desgracia ancestral. La madre al frente envuelta en un rebozo azul, seguida del hijo y detrás de ellos, el padre que lucha por no redimirse de sus raíces, al tiempo que su vestimenta se desgarra y se desprende en pedazos como su pasado, su historia y religión. Tres mexicanos que abandonan esas tierras estériles en una atmosfera trémula, tempestuosa, que augura un incierto porvenir. González Navarro en esta obra remite a un México pre y postrevolucionario, el de la miseria de un pueblo olvidado y el del mismo pueblo olvidado que se ha cansado de esperar y ya no le interesa perder su pasado a cambio de un puñado de esperanza y emigra hacia un lugar desconocido o a hacia un lugar idílico, que en vez de Aztlán, seguramente será los Estados Unidos de Norteamérica.

La fuerza de la obra plasmada con pinceladas duras, logra una composición dinámica entre los personajes que marchan contra el viento (en empuje ascendente hacia un camino en cuesta) y la estabilidad centrada en los magueyes. Quietud que será superada por el ritmo de las fuertes diagonales de tensión que desequilibran el espacio, lo pone en movimiento e inoculan una sorprendente inestabilidad que dan congruencia al cuadro y vitalizan la escena.

De esta producción de los desgarrados y/o migrantes derivarán otras que se volverán emblemáticas por el tema y el planteamiento estético del mismo. La serie de los individuos que buscan alcanzar el sueño americano, pero que antes, habrán de enfrentar la realidad de un rechazo que se inicia con el cruce del muro metálico que divide la frontera, (todavía en los años setentas era una malla metálica la que obturaba el paso). Su pieza *American dream 2. Ilegal,* (1989), es un ejemplo claro de esto, el indocumentado la traspasa no importa que en el trance esté su vida de por medio. El cruce de la alambrada rompe aún más sus ropas maltratadas, como desgarra también su dignidad. Con esta metáfora pictórica Joel González Navarro resolvería, en no pocas ocasiones, el drama vivido en este espacio marginal.

Obras nada complacientes en la que encontraremos a un Joel contestatario, congruente con una realidad que vive a diario; trabajos que revelan de la misma manera sus preocupaciones. De esta serie destaca *American dream 1* (1989), en la que el autor mediante una trágica representación (de las consecuencias generadas por la necesidad), plasma a un indocumentado cuyos pies descalzos y vestimenta precaria dejan ver una miseria exasperante. Desmembrado, sus brazos seccionados colocados en una extraña postura que hacen suponer una crucifixión, como cruel analogía de su trance, de esa contingencia que lo lleva a fracturar sus raíces, a desdeñar su pasado por una ilusión engañosa, por el sueño y el anhelo de un paraíso inexistente. Un personaje herido-muerto, con la piel lacerada y su indumentaria desgarrada, corolario de su intrépida aventura. Una composición dramática en donde los fragmentos de la alambrada derivación de haber sido trasgredida juegan un papel determinante en su condición de ilegal. Joel González Navarro interpreta esa tragedia con una solvencia técnica indiscutible, resuelta sin maquillajes dentro de un expresionismo draconiano y una dura sentencia a la realidad dulcificada.

La virgen del bordo (1997), es una obra más de este linaje impugnador, una feroz realidad matizada con una irónica alegoría religiosa. Es la consecuencia de un sueño malogrado. El migrante muerto por un balazo en la espalda demuestra la mansalva de ese acto xenofóbico, mientras la esposa-madre lo llora ante un doble desconsuelo, el no haber podido evitar la odisea y al no haber encontrado respuesta de sus rezos guadalupanos, la que como consolación parece haberle otorgado su blindaje milagroso, ese halo flamígero que circunda a la virgen, sin que esta vez (como tantas más) le diera resultados. Esa es la fatalidad que grita esta obra expresiva de Navarro, la de una quimera cercenada y un dolor paliado en una fe que sólo encuentra consuelo en su conformismo.

Joel González Navarro es un pintor de su tiempo, que fue

relevante en su momento histórico y hoy sigue siendo ejemplo de entereza y dedicación. Deja un legajo plástico sólido que permite una lectura precisa de los momentos en que le ha tocado actuar, ya sea en el abordaje del retrato, en sus alegorías y sobre todo, de ese trajinar del mexicano ansioso de un porvenir venturoso, en el que hurga en sus orígenes y plasma todo ello sin exquisiteces, dejando constancia de esa cruenta realidad.

Con su andar mesurado —lo recuerdo—, la figura menuda, serena y callada de Navarro pasaba inadvertida hasta que estallaba su personalidad en las representaciones enérgicas de su visión plástica. Su dialéctica no ha sido con palabras, lo ha hecho siempre con el pincel y los pigmentos y no ha quedado en el olvido como suele suceder en la arenga inflamada de un momento eufórico con el que muchos sostienen su discurso. La disertación plástica de Joel González Navarro permanecerá sí, para regocijo de otras generaciones; pero sobre todo, quedará inscrita como memoria indeleble de su tiempo.

El prestigio que las artes bajacalifornianas goza hoy en día en el mundo, tiene su asiento en esa pléyade de pintores que desde los sesentas van conformando bases que edificará ese reconocimiento. Joel González Navarro será uno de ellos, su figura se yergue como pilar indiscutible de la plástica fronteriza y se vuelve imprescindible en la memoria cultural nacional.

Entre la libertad cromática y el rigor de la forma

(Diez pintores bajacalifornianos)[29]

La incansable repetición de aplicar pigmentos sobre el soporte hace de la pintura y su dilatado historial, el representante eterno de la expresión creativa, y continúa explorándose, no interesa que el arte actual (re)busque otras maneras de manifestarse en la interdisciplina, en lo inverosímil, en la nimiedad, en la idea ingeniosa o en los valores sociales; ésta, la pintura, permanece estoica, no importa que no haya podido librarse de la locura de la genialidad, de la falacia de la inspiración y de la sorpresa que provoca el efecto ilusorio, la sugestión de la espacialidad, la emotividad de la impronta del color y la materia, la mimesis o la fantasía, que como argucias estéticas consiguen encantar y complacer y por supuesto, mantenerse como insumo de mercado codiciado, invisibilizando otras responsabilidades del arte. Sin embargo, no por ello es culpable, es tan sólo reflejo de la realidad compleja y desigual que nos conforma

10/10 es una muestra colectiva que ejemplifica uno de los géneros más explorados por la producción plástica bajacaliforniana: la pintura. Ilustrada aquí con un muestrario de obras que dan fe de la aportación generacional de un pequeño sector que la ha abordado enfáticamente logrando un discurso personalizado.

Tres generaciones que a partir de su perspectiva y experiencia explora el arte desde la óptica de la modernidad y con cierta timidez de la postmodernidad, y sin que se desembarace del planteamiento tradicional le da preponderancia a las cualidades (valga la redundancia) puramente formales de la obra, es decir aquellos elementos visuales que le otorgan su sentido (colores, forma, composición y estructura), todo ello vuelto ejemplo en aquel que da prioridad al pigmento bajo el sustrato emotivo y el desplante gestual, y que se regodea en su condición silente (Ruth Hernández) o en el que sugiere una historia simulada entre formas libres (Ángel Valrá), o en ese que recurre a la urdimbre cromática que exalta lo matérico y

---

[29] Texto para la exposición 10/10 en la Casa Valencia Gallery, San Diego, Ca.

coquetea con el querer decir (Álvaro Blancarte) o el que juega con las formas estilizándolas, adosándoles con el título su significancia (Carlos Coronado). Tal sería el caso también de Rubén García Benavides cuya obra propuesta desde la elementalidad del color, la esquematización y planos horizontales que rememoran sus paisajes sintéticos, y que a no ser por el singular título que le endosa (Alergia oriental) redundaría en la abstracción. Otras se desligan de la representación convencional, liberan la figura de la rigidez académica y estructuran su idea acentuando determinadas características de la forma hasta que resultan en un manierismo expresionista (Silvia Galindo, Estela Hussong) o en ese mismo planteamiento expresionista, reducir la idea a la forma elemental (Franco Méndez Calvillo).

Y finalmente están aquellos (aquel y yo) en que la figuración es el sustrato, resuelto en la sencillez del tema (Hugo Crosthwaite), en este caso en la bicromía y en una historia intimista difícil de descifrar si es que encierra algo más que las figuras hermanadas con el corazón. O el que redunda en las líneas y elementos geométricos y recurre a la apropiación de imágenes del pasado para insinuar una enfermedad que ayer desquició monarquías y hoy parece exótica o quimérica (Roberto Rosique).

La pléyade de formas que componen esta muestra testimonia un momento creativo singular de Baja California y ejemplifican a una extensa lista de exponentes notables (con sus grandes ausencias) y en donde, para fortuna del arte, las nuevas expresiones compiten por un lado con los platicos logrando también su lugar de reconocimiento; pero ante todo proponen otras opciones para encarar el arte desarraigando con ello viejas formas que habiendo estado coludidas únicamente con el objeto que emociona, solo le han mostrado pleitesía al mercado.

10/10, es la antesala de los que dedicaron gran parte de su vida a mostrar al mundo que éramos y somos en Baja California en las artes; un preámbulo sí, que ha contribuido a la gestación de otras maneras de producir y eso es meritorio para su reconocimiento.

Tijuana, B.C. / San Diego, Ca., octubre, 2016.

De la realidad convenida, a otras realidades
(*La fotografía como inductora de contextos*)[30]

Enrique Trejo (Tijuana, B. C., 1946), en su largo caminar por el espinoso sendero de la cultura, hace un alto temporal para deja reposar la pluma del poeta y ensayista, y dedicarle tiempo a su otro compromiso creativo que es la fotografía y en esta línea, ampliamente explorada por otros desde la óptica documental que pretexta la captura fiel de una realidad, que cada vez es más cuestionada por apegarse al mito de su analogía y dejar a un lado esa capacidad que tiene (la imagen) de convocar múltiples niveles de sentido; Trejo la aborda desde una perspectiva más amplia y sugerente.

Harta razón tenía Werner Herzog (Delgado, 2009),[31] cuando planteaba que esa búsqueda de la "realidad" (al referirse al *cinéma verité*) siempre había sido una clara expresión de inocencia, pues ceñirse únicamente a la réplica de la escena es dejar escapar el sentido sustancial de la realidad profunda que allí se propone. Una idea amplia que atañe también directamente a la fotografía y contribuye a justificar cada vez más su potencial narrativo y reflexivo, y es precisamente ese enfoque que me permite correlacionar estas palabras de Herzog con los trabajos de Enrique Trejo y de manera particular con esta serie que nace algunos años atrás bajo el título de *Odisea 2000* (2010), que en analogía a las implicaciones de la aventura del Ulises homérico, describe alegóricamente las enormes dificultades que significa trascender las fronteras sin documentos que permitan el cruce legal.

Trabajo que se ha ido ampliado por la necesidad misma que

---

[30] Texto para la Exposición: *Kyrie eleison (Señor ten piedad)*, CUT Universidad Tijuana, (2014).

[31] Salgado Diego (2009), "Los otros de uno mismo", en *Ficción o realidad en el cine de Werner Herzog*. Consultado en línea, desde: http://archivo.miradasdecine.es/estudios/2009/11/ficcion-y-realidad-en-el-cine-de-herzog.html

el discurso y la realidad exige, y que hoy no deja de ser la misma peripecia del indocumentado de enormes riesgos y pocos frutos, sostenida en un constante trasegar indolente al margen de los cambios del tiempo. Un trabajo que puede verse, igualmente, como una analogía con la nave de Argos en busca del vellocino de oro (el sueño americano) y que en la larga travesía accidentada fue constantemente reparada hasta radicalmente volverse otra, pero siempre manteniendo su esencia.

Al igual que las pretensiones de Herzog, la fotografía de Trejo parece perseguir la concepción de la realidad más allá de los principios analógicos, (que dicho sea de paso, esto parece reforzarse desde la herramienta digital, misma con la que conforma estas otras realidades) y que convergiendo de nuevo con el autor referido cuando con palabras puntuales asienta que "En lugar de la verdad verdadera coloco siempre otra, tan verdadera como ella, pero distinta, intensificada, potenciada" (*Ibíd,* 2009), Trejo parece emular esa consigna cuando se esfuerza por algo más que el registro básico del suceso, adosándole otras historias que suelen asentarse en sus propias verdades.

La fotografía de Trejo es algo más de lo que aparentemente constata: su entorno cotidiano, con su diversidad cultural y el protagonismo de un muro que fragmenta, que divide dos naciones, una pobre y otra rica, el que obtura el paso al anhelo de vivir mejor y el que protege sus intereses. Trejo ahonda en el sentido de frontera, replantea lo transfronterizo con historias visuales que entreteje en una multiplicidad de matices, y que, con el empleo de imágenes disímiles, narra sus enfoques frente al muro divisorio y va más allá, sobrepasa (que no las ignora) las lamentaciones o la violencia exacerbada que suele identificarlo.

Enrique Trejo concibe su propia narrativa con personajes entresacados de la historia del arte universal, los hace comulgar en un mismo tiempo y lugar, y el papel de villano bien lo puedes suponer en cualquiera de ambos lados de la frontera. Los barrocos, al igual que manieristas se entrelazan con personajes sacados de las vanguardias históricas, todo ello en un festín dialéctico en donde las connotaciones las deduce el espectador. Los relatos floridos describen sucesos ficticios tan reales como suele ser la realidad de esta frontera descarnada y mítica.

Obras que trasiegan en una deriva constante movilizando su valor poético, proponiendo otras miradas, no para soslayar la violencia evidente de esos páramos, sino para hacernos ver que ésta existe disfrazada y con otras caretas: con la fe exacerbada, la dádiva divina, la contemplación indolente, la negación y el olvido.

El autor en su andar como fotógrafo fue encontrando reacomodo (de lo analógico a lo digital) para plantearse el mundo en su complejidad y mostrarlo con la sencillez que debe verse, sin extraviarse en la vorágine de generar la imagen por la imagen, esa retórica común. Su entender de la vida, análoga sí con su pensamiento complejo, le agiliza su transcurrir creativo como podemos verlo en sus propuestas que desde mucho tiempo atrás dejaron la relevancia del instante capturado como motivo existencial de su producción.

En sus obras, insisto, puede distinguirse cómo la imagen se libera de este sentido mimético, para convertirse por sí misma en una idea y ser representación de sí misma. Asumen el reto de ir más allá de esa realidad convenida, a otras realidades y eso, es potenciar la imaginación e inducir las reflexiones.

Más allá de una mirada complaciente
(*Un arte que se refugia en las alegorías y devela la farsa*)[32]

El trabajo creativo propositivo, impresionante y versátil de Daniela Gallois (París, 1939–Tijuana, B. C., 2006), inserto, en cierta manera, en el surrealismo, se apropia de sueños ajenos que mezcla con los suyos para volcarlos al lienzo y detonarlos en una obra quimérica, alucinógena y crispante.

Trabajos de una complejidad acorde a su naturaleza cambiante y solitaria, que deja entrever en sus lienzos de pequeños formatos los influjos de retruécanos góticos, casi fantasías que te arrastran hasta la pupila midriática del Bosco y te permite advertir a través de ellas la podredumbre de un mundo decadente y sombrío.

Una obra fiel a su imaginación desbordada y turbulenta que retrata escrupulosamente la debilidad humana, tan proclive al engaño, a ceder a las tentaciones y a mentir. Una obra que reprocha insistentemente de un presente que tiempo atrás, mucho tiempo atrás, desde la pérdida de su cómplice, amante y amigo (Benjamín Serrano), le había dejado de ser complaciente.

La autora sembró semillas que jamás cosechó, que dieron frutos forjados en su pensamiento eurocéntrico y navegaron por mucho tiempo en incompresibles atmósferas fronterizas, para hoy codiciarse en las esferas pudientes como trofeos de batallas compradas, de logros seducidos por el crisol del dinero (del que por cierto ella jamás disfrutó).

La contundencia de esta obra colorida, preñada de historias, insólitos personajes y un bestiario fantástico, que si bien parecieran brotar de una chistera; emanan, eso sí, de una mente compleja, fragmentada entre la realidad y la ficción; cuya subsistencia transcurre entre alucinaciones y recuerdos de una existencia

---

[32] Texto para la Exposición *Dos extranjeros*, Ceart, Tijuana, 2014.

perturbada y lúcida, y de un destino azaroso, que, como corolario, culmina en Tijuana, una ciudad en cierta forma mimética con su frenesí creativo.

Epitome de la plástica tijuanense
(*Colectiva de tijuanenses en Mexicali*)[33]

La historia de la plástica en Tijuana se asienta en los albores de los años cuarenta, camina lentamente y dentro de su empirismo va encontrando reacomodo en las conservadoras tendencias preexistentes. Supera apatías, adversidades oficiales y de su propia comunidad, buscando dejar atrás su papel ornamental para la complacencia turística. En los periodos subsecuentes y bajo los influjos de la cultura norteamericana, se sumará una generación más preocupada por los aspectos estéticos y comenzarán a trazar su propia ruta.

Los sesenta, fue una época de aprendizajes, concursos y exposiciones, que empezaba a revelar la otra cara de una frontera, ya para ese entonces multiétnica; la pintura intentaba hacer camino, si bien algunos de sus autores se había mantenido repitiendo esquemas del pasado, atrapados en esa tendencia pictórica surgida en el México posrevolucionario que concebía, en términos generales, el trabajo plástico como una nueva representación del mexicano, enfática en la importancia de lo popular y en lo mítico, que encontraremos también como sustrato en el muralismo nacional y regional; también estaban otros (los menos) interesados en explorar diferentes manifestaciones. Las vanguardias históricas serán referentes que poco a poco se irán volviendo más comunes; dentro de éstas, fue notoria la inclinación por el expresionismo y el surrealismo; como evidente será también, desde otro tiempo histórico, la influencia del expresionismo abstracto norteamericano. Un periodo en el que un importante número de pintores hacen presencia (Cátaro Núñez, Miguel Nájera, Francisco Chávez Corrujedo, Nina Moreno, Antonio Evalles, Zulema Ruiz, Juan Badía, entre otros) y del que destacan dos, hoy ya emblemáticos: Benjamín Serrano (Tijuana, B. C., 1936-1986) y Guillermo Mellado

---

[33] Texto para la exposición: *Plástica Tijuanense en el CEART*, Mexicali. Verano, 2014.

(Tijuana, B. C., 1940-2004), autores sólidos que proponían una obra por encima de todo lo generado en el norte de la república mexicana. Un Serrano irreverente, creador de una plástica híbrida lograda de la alianza del pop norteamericano y la tradición fronteriza con su riqueza artesanal y un Mellado que hacía lo mismo, sólo que desde una abstracción radicalmente opuesta al expresionismo abstracto norteamericano, al informalismo europeo, incluso, a la defeña generación rupturista bastante influyente en ese entonces.

Un periodo emblemático, en la medida de ser el introito de una producción pictórica profesional que allanará el camino del reconocimiento a las generaciones subsecuentes.

Los ochenta, fue una época alimentada por las aportaciones novedosas de los artistas llegados de otros espacios del país, que traerán consigo las preocupaciones de la pintura de la postguerra y de las nuevas formas de abordajes plásticos (Manolo Escutia, Roberto Rosique, Cesar Hayashi, Álvaro Blancarte, entre otros más), marcarán la pauta a seguir en las generaciones activas y las emergentes. Se imponen en lo regional y se murmura de ellos a nivel nacional.

Los noventa, influida por las tendencias conceptuales y el surgimiento de inSITE con sus propuestas instalacionistas, soslayarán de alguna manera la hegemonía plástica; sin embargo, se continuará en la búsqueda de nuevas opciones pictóricas. Veremos enriquecer la plástica desde el ámbito de lo tridimensional (Normas Michel, José Pastor), como también se hará evidente la consolidación de autores plásticos de la década preliminar.

En lo que va del siglo nuevo, en donde lo característico de la producción tijuanense será la obra fincada en lo conceptual del que deriva gran parte de la producción instalacionista y las propuestas colaborativas que han logrado dimensionar el arte bajacaliforniano fuera del universo regional. En este periodo encontraremos pintores que han mantenido su transversalidad con propuestas originales puntales de su propia historia, y las nuevas generaciones, que si bien exploran otras tendencias y destacan en ellas, apuestan también por lo plástico y sobresalen con una producción irreverente basada en la apropiación de imágenes, acorde a las exigencias de las tendencias pictóricas contemporáneas. (Elba Rhoads, Luis Garzón, Mely Barragán, Daniel Ruanova, Jaime Ruiz Otis, Julio Orozco, entre otros).

A pesar del corto tiempo de existencia de la plástica (acorde a la juventud del mismo estado), en las últimas cuatro décadas, la vemos discurrir, a pasos lentos en sus inicios (los setenta y ochenta), dificultándosele encontrar la ruta para superar su atraso, comparativamente con lo que sucedía en el mundo del arte postmoderno, y en sus dos últimos periodos, evolucionar hasta plantarse a la altura de lo que significa la pintura en nuestros días.

Una muestra que deja a un lado figuras señeras, que parece haberse seleccionado desde la óptica curatorial sustentada en el gusto y la emoción por obras plásticas coloristas y el dibujo académico retórico totalmente complaciente, con lo que se demuestra una superficial lectura de la extensa producción tijuanense en la que cada vez asume mayor responsabilidad el arte que se sostiene en la reflexión, que se asienta en el concepto y que lucha por mantenerse al margen del mercado que fagocita todo sin que por ello signifique que se es exitoso.

Una marcha rápida, si se quiere, que se muestra consonante con su contexto (el que de igual manera progresa vertiginosamente) y que confirma su importancia en la medida de ser reflejo y memoria de la pluralidad cultural que nos conforma como bajacalifornianos.

En la búsqueda de un sendero sobre lo transitado
(Algunas voces insistentes)[34]

D e la pintura en su largo camino recorrido hemos escuchado, en varias ocasiones, de su ocaso o por lo menos, éste ha sido vaticinado; lo cierto es que la hemos visto perpetuarse en el remedo, justificándose en la conformidad y la complacencia, como también, para fortuna de la misma, en su firme afán por renovarse, resurgir airosa y por supuesto justificarse.

Durante el proceso de la desobjetualización (del arte) llevará al artista a desdeñarla, al grado de hacerla invisible (por lo menos en los circuitos que marcaban las rutas de avanzada) hasta que en la postrimería del conceptualismo la veremos retornar protagónica en el anonimato del grupo BMPT, en el protagonismo del pigmento y el soporte de *Support Surface*, en la frialdad o falta de emotividad del hiperrealismo y en la añoranza de las vanguardias justificadas con lo Neo; incluso, en la mismísima apropiación.

Hasta aquí seguíamos viendo la continuidad retiniana justificada, en algunos casos en su peso conceptual, pero pintura al fin que no ha podido deshacerse de la abstracción o la figuración, extremos en los se ha sido respaldada su razón de ser y que en la actualidad, ya sin discriminación, pueden amalgamarse y ser exploradas desde un postura libre y nómada, sin que ello implique inconveniencia alguna.

La pintura, hoy sin duda, quiere mostrarse más allá de la sensibilidad modernista y en su apuesta por dejar de justificar la razón como modelo ineludible, opta por asirse de esta postmodernidad galopante y heterodoxa, recicladora de actitudes y tendencias. Así vemos también preocupaciones por esa readaptación en el dibujo, en la gráfica y la fotografía. Del primero, en el hecho de acentuar su valor protagónico disociado de la pintura, de la segunda, su

---

[34] Texto para la exposición Colectiva de Maestros de la Facultad de Artes de la UABC en La Habana, Cuba

reacomodo con los medios digitales, reivindicando su identidad como proceso y de la foto, alejándose de la importancia del instante capturado como fin único, transformando al fotógrafo en manipulador de signos y al espectador en interpretador de mensajes. Todas ellas (al igual que la pintura), despreocupándose del soporte convencional para acentuar así, su libertaria condición postmoderna.

Las obras que componen esta muestra, heterogénea en su apuesta técnica y en su discurso (pletórico, además) provienen de un nutrido grupo de docentes activos de la Facultad de Artes de la Universidad Autónoma de Baja California (México), cuyo origen de sus formaciones también son diversos, al igual que sus asignaturas; pero ello sí ligados —en cierta forma— al planteamiento de la imagen como modelo y concepto, al cuestionamiento y valor de la representación. En esta exhibición apuestan y confían en el dibujo, la pintura, la gráfica y la fotografía, como medios en donde consideran posible proponer otras alternativas creativas.

Cierto es que todavía encontramos en estas propuestas desplantes alegóricos, simbolismos, cuestionamientos y denuncias sociales, así como el refugio en lo anecdótico amparado en lo universal y uno que otro en lo regional; el peso del concepto, en muchas de estas obras, deja ver esa preocupación por ir más allá de lo únicamente representacional.

Una muestra que exalta la imagen, que se arropa en el concepto y que aún ligada a las implicaciones plásticas, busca un reacomodo en este reordenamiento cultural.

Puede que para muchos el arte retiniano, al igual que esta vieja expresión duchampniana, haya quedado rezagado de lo contemporáneo, lo cierto es que desde su resurgimiento (aunque nunca desapareció) hoy ondea categórico, y aunque sea bastante probable que la importancia que actualmente se le concede a la pintura (al igual que a la gráfica y la fotografía me atrevo a aseverar) se le atribuya a su relación con la historia como plantea Barry Schwabsky (2011)[35], y que ésta, hoy como ayer, tal lo asevera Tom Godfrey (2009)[36], sigue siendo un medio totalmente válido, para la expresión, la exploración y la comprensión del mundo; sin embargo, resulta difícil, sino imposible, indisociarlos del mercado del arte, de

---

[35] _Schwabsky, B. & Hasting, J. (2011), *Vitamin P2. New Perspectives in Painting.* London: Phaidon Press.

[36] _Godfrey, T (2009), *Painting Today.* London: Phaidon Press

su importancia y participación en la carrera por la supremacía cultural[37].

Aun cuando reprobemos las etiquetas amparadas por las reglas impuestas en el ampuloso mundo del mercado del arte, lo cierto es que en estas disciplinas sigue abierto un sendero que invita a recorrerlas; esta exposición bien puede ser ejemplo de ello.

---

[37] Para muestra solo véase la edición londinense de *Vitamin P2*, un volumen que da cobijo a 115 artistas de 30 países, de los cuales más del 50% de los artistas pertenecen a Estados Unidos, Inglaterra y Alemania. Así como 50 firmas (galerías, casas de subastas y museos).

La aleatoriedad como sustrato y discurso
(La pintura anárquica de Luis Ituarte)[38]

En el acto creativo, el artista pasa de la intención a la realización, a través de una cadena de reacciones completamente subjetivas. Su lucha en torno a la realización es una serie de esfuerzos, estragos, satisfacciones, rechazos, decisiones, que tampoco pueden y no deben ser totalmente autoconscientes, por lo menos en el plano estético.

Marcel Duchamp
"Theories and Documents of Contemporary Arts" (Stiles & Selz, 1986)[39].

La pintura como sinónimo de representación y como vehículo de expresión, tiene un dilatado recorrido excelentemente representado a través de su historia; la pintura como sujeto y objeto o como proceso creativo, que es análogo también al proceso de resolución de un problema, encuentra así mismo nuevos caminos para manifestarse, no obstante, en esta postmodernidad de propuestas explosivas y cambiantes, vemos en el devenir de la plástica —aun con las fricciones que se contraponen a su vigencia—, justificaciones que la mantienen activa y actual como recurso creativo.

Encontrarse con esta propuesta estética titulada *Pintura Anárquica* de Luis Ituarte, estruendosa por la audacia en el empleo del color, con trazos y brochazos colocados en un desorden felizmente fractal y que en definitiva no le interesa narrar nada, es ya un desafío visual; sin embargo, el sustrato mismo de la obra —como referente decisivo de la misma— nos hace irremediablemente transitar hacia la ruta de la abstracción, no obstante en la intensión del autor de abordarla desde otras directrices y en el propósito de sus reflexiones por alejarse de estas etiquetas, hay un acto íntimo, primitivo, visceral, en el que lo aleatorio va convirtiéndose en el timón de la aventura.

Cuando Ituarte teoriza y justifica sus inquietudes

---

[38] Texto para el catálogo de la exposición *Pintura Anárquica*, de Luis Ituarte, Multiforo ICBC, 2013.

[39] Stiles, Kristine & Selz, Peter (1986). *Theories and Document of Contemporary Art*. A Sourcebook of Artists' Writing. California Studies in the History of Art.

conceptuales, la evidencia objetual del producto terminado provoca que intentes desligarla de ese paralelismo con la abstracción, que trates de explicártela en su esencia misma de lo fortuito, en la que si bien partió del urdimbre pigmentario aplicado éste con las añejas herramientas del pincel y la espátula, no hay el interés por arribar al equilibrio cromático ni a la composición ordenada o a la estructuración de planos que nos aterrice en una obra reflexionada y en esas intenciones del autor encontramos una línea que hace la diferencia y vuelve a la *Pintura Anárquica*, protagónica en su esencia misma.

No se trata de una vuelta a las fuentes del trabajo de este autor, aunque al remitirnos a su pasado plástico, encontramos una exploración amplia de la abstracción geométrica, basada ésta en la superposición de formas compactas y tramas de líneas sobre fondos ricamente coloreados que generan ritmos, que inducen a desplazamientos entre superficies y profundidades, entre fondo y forma (Rosique, 2004:45)[40] y un segundo abordaje de lo abstracto a partir de las indagaciones de la curva como forma estructural del barroco; en ambas propuestas, es observable las pretensiones de inducir al espectador a reflexiones a través de estos empastes de color y líneas dismórficas. En *Pintura Anárquica* (tercer abordaje), sus indagaciones adquieren otras preocupaciones y esta nueva aventura no es fortuita, "en el constante crecimiento del saber crecen también la seguridad y la capacidad del juicio, y con ello la capacidad de riesgo" (Landau, 1897:14)[41], Ituarte es consciente de ello y lo asume, la espontaneidad que caracteriza a estas obras es un riego, porque la probabilidad de cometer errores es mucho mayor que la que existe en una actuación bien meditada y aquí, el riesgo se convierte en reto y acierto a la vez.

En esta pintura anárquica, aun con la abolición de las jerarquías implícitas en el término, sigue siendo fruto de un acto creativo, que entendido desde la añeja perspectiva de Guilford (1967)[42] que implica huir de lo obvio, lo seguro y lo previsible para producir algo que resulte novedoso, se hace también indispensable el descubrimiento como otra línea para llegar al objetivo. Si bien existe una diferencia entre la creación y el descubrimiento, ambos son el

---

[40] _Rosique, Roberto (2004). *Hacedores de imágenes*, Conaculta, UABC, ICBC, IMAC, México.

[41] _Landau, Erika (1987). *El vivir creativo*. Editorial Herder. Barcelona

[42] _Guilford, J.P. (1967). *Creatividad*. McGraw-Hill. Inc. EE.UU.

fruto de la búsqueda, el primero derivado de nuestro interior y el otro de lo externo, que a través del pensar, expresar y hacer, frecuentemente confluyen en un mismo fin, sin que deban ser, como plantea Duchamp, totalmente autoconscientes. En ese itinerario veo transitar el proceso de Pintura Anárquica.

Aunque esta propuesta es un trabajo que expresa, por un lado, el comportamiento de los materiales sobre el plano, vemos como a través de la presencia explicita del color y la textura, emergen formas contrastadas con el soporte, que van desde la expresión bidimensional y monocromática, hasta llegar a una explosión de texturas visuales y táctiles que desbordan color. Encontramos que la policromía y las formas son un componente real, pero también el proceso es sustancial en la medida de la libertad que exige y junto al imprevisto se vuelven la argamasa de una obra que se regodea en la ausencia de apriorismos. No hay aquí intensión gestual, aunque los planos cortantes de la espátula y las dinámicas pinceladas aparentemente lo evidencien y no lo hay porque la ausencia del lirismo y profundidad expresiva es el resultado de un acto impulsivo en el que Ituarte apuesta sin que medie reflexión alguna. Por inconcebible que parezca es la intención y el reto, y ahí radica también su diferencia.

Cierto es que esta obra puede transportarnos al slogan parnasiano del arte por el arte, en donde éste es visto como formas y no como contenido y ante todo sin un compromiso con la realidad social; sin embargo, hay en la obra de Ituarte una exaltación anárquica, una reacción contra el subjetivismo y la emoción poética inherente en las manifestaciones abstractas del siglo pasado.

Por otro lado, nos remite a los principios del neoreduccionismo francés de los sesentas, en donde el objeto de la pintura es la propia pintura; es decir un hecho en sí, no se trata de la búsqueda de la pureza original, sino de la simple presencia de los elementos pictóricos que constituyen el hecho plástico. Y si bien en *Pintura Anárquica* hay igualmente un planteamiento que concede una importancia igual al material, al gesto creativo y a la obra final, encontramos la preocupación del autor por dejar también en el mismo plano de importancia, el acto despreocupado de diseminar pigmentos sobre la superficie.

¿Dónde ubicar entonces estas imbricaciones de color y textura, producto del automatismo técnico?

Creo que más allá de la exaltación del valor cromático o de la sugerencia táctil y por encima también de la forma como valor imperante. Un acercamiento a ellas puede ser en la aleatoriedad como sustrato de la obra y como discurso que se traduce en aquello desprovisto de principio director y de origen, que dará en consecuencia una obra que como impronta se extasía en su propia libertad estructural y silente.

Abordar la pintura como un acto creativo es un reto en estos tiempos convulsos de la postmodernidad, de ahí el compromiso por desentrañar otros senderos y de arriesgar dejando a un lado lo consabido para adentrarse a otras posibilidades. En *Pintura Anárquica* encuentro esas preocupaciones.

Ciudades difusas/esperanza
(*A propósito de los Refugios urbanos de Garzón*)[43]

L a obra de Luis Garzón —siempre en un continuo proceso de cambio—, de nueva cuenta asume el desafío de replantear el dibujo, que ha sido por largo tiempo su esencia, y lo hace desde la poética de la línea en su esencialidad geométrica y el color, en sus variantes análogas y contrastantes. Sin embargo, la disparidad entre aquel dibujo llevado al límite en el detalle de la figuración de sus indagaciones pasadas, a éste, razonado, rígido y cortante, existe un motivo que lo justifica: la exploración del espacio (bidimensional), del área urbana con su densidad poblacional correspondiente y fundamentalmente, en su estructuración arquitectónica. El dibujo y el color aquí, son sugerencias que dan cuerpo a un vaivén de ideas en torno al paisaje propio de las ciudades, que conminan también a reflexionar sobre nuestro protagonismo y compromiso con el medio.

Estos lugares que nacen como concreción espacial desde la revolución del neolítico, que cumplen sus ciclos de reordenamiento social en la madurez de las culturas mesopotámicas, egipcias, griegas y romanas, que se expanden y confluyen con las visiones orientales y del nuevo continente y que, en el apresuramiento por la hegemonía del poder, el entramado urbano fustigado por la proliferación industrial inicia una carrera ascendente (a lo alto y a lo ancho) que gemina en las ciudades modernas y su expansión desordenada.

Hoy, ya en esta era postmoderna (y postindustrial) se vive un proceso de desconcentración y vemos impasibles la configuración de un nuevo panorama, de ciudades difusas, sin confines aparentes, aunque delimitadas por francas divisiones sociales, económicas, políticas y funcionales; indefinidas también, que imposibilitan la coordinación administrativa, hacen difícil la sustentabilidad y en correspondencia, la subsistencia, y aquí, como paradigma de estas poblaciones explosivas, Tijuana se muestra protagónica, cínica y humilde, cambiante y generosa; reducto, además, de una población (flotante) que habita geografías variables en esta urbe de geometría

---

[43] Texto para la exposición "Refugios urbanos", La Caja Galería, Tijuana, B. C.

caprichosa y que sospecho sea el estímulo que incita a Garzón a considerarla ejemplo (porque la vive, padece y la disfruta) para reproducirla y al mismo tiempo deconstruirla en su invariabilidad lineal y su paleta policroma.

Refugios (*urbanos*), dice Garzón de sus lienzos de colores sosegados y en ocasiones tímidamente estridentes, refugios no de acción o ayuda humanitaria (que bien pudieran serlo), sino de techos que albergan disparidades sociales, cárcel gigante de millones de habitantes, que no quieren saber nada de nada, que alojan usufructos de la decadencia moral y que a la vez dan cobijo a la esperanza. Reductos de la vorágine humana que se auto-lacera para redimirse lamiéndose sus propias heridas, en un ciclo que busca, aunque no lo parezca, emanciparse.

Estos planos de color y líneas, que componen bloques (manzanas o colonias) aglomerados en su mayoría, con líneas que se entrecruzan en un orden casi fractal, plasmados como vistas aéreas, rememoran —acaso—, la ciudad social y lúdica situacionista en la que el juego, la imaginación y la participación social deberían ser un hecho en su construcción y en este sentido, los planos citadinos de Garzón, habría que verlos como mapas psicogeográficos en los que hay que dejarse llevar a la deriva por líneas imaginarias de calles y pasadizos, tan sólo conectadas a nuestra imaginación o como último aliento a nuestras utopías.

Esta "visión metafórica urbanística" (palabras del artista) encaja igualmente en la visión de la ciudad laberíntica basada en la aglomeración que propone Constant (1959),[44] al tiempo que propone aprovechar las posibilidades de las nuevas tecnologías que permitirán construir una ciudad a tal escala que superará a las ciudades existentes. (En una acción que encuentro análoga, Luis Garzón se vale, además de los colores, de recursos tecnológicos: fragmentos de cintas —*Masking tape*— de uso industrial, empleadas por él para enmascarillar, que aún contienen residuos de pigmentos y que aluden a ciudades contemporáneas con sus hordas urbanas, su caos existencial y democracia disfrazada).

"En su proceso combina la pintura intuitiva con los principios fundamentales de armonía en color, yuxtaposición de forma y la textura excavada", palabras puntuales del artista que hacen visible los recursos que le permitieron proponer una pintura nueva, asida a un

---

[44] Constant (1959, *New Babylon*. Arqueología del Futuro. Consultado en línea, desde: http://arqueologiadelfuturo.blogspot.com/2008/10/new-babylon-1959-constant.html

imprescindible componente conceptual. De esta alianza emana *Refugios urbanos*.

Más que un asomo de realidad
(*La subyugante obra plástica de Elba Rhoads*)[45]

Al artista de hoy en día acosado por el insistente bombardeo de imágenes, le resulta un tanto difícil hacerse de aquellas que puedan darle consistencia a su discurso plástico, que atrape la atención del espectador y además, provoque reflexiones. Una imagen violenta suele ser un recurso común, pero es tal la abundancia de ellas que del asombro efímero pasan, frecuentemente, al resguardo del olvido o la futilidad de la mayoría que las arrastra hacia esa misma condición. Las imágenes que componen los trabajos de Elba Rhoads se alejan del estallido de la violencia extrema y la banalidad excedida y si bien son imágenes comunes parten de la premisa de la sorpresa, algunas llevan implícito un grado enorme de provocación que obligan a una revisión acuciosa y casi por necesidad, a justificarlas con una explicación, son obras pues, que invitan a su escrutinio, conllevan a la reflexión y por ende, a volverse trabajos de fácil remembranza. Es por un lado la técnica depurada, el respeto inflexible al detalle y su impecable hechura la causante, como del mismo modo lo es la ironía del doble juego que encierra la imagen común en un acto poco frecuente y provocador.

Siempre resultan incomodas las comparaciones, sin embargo pueden asimismo servir de referentes para un mejor entendimiento y ubicación de la obra a cuestionar. Aunque de primera impresión las obras de Elba Rhoads parecen situarnos en el hiperrealismo, la distancia que guarda con esa corriente norteamericana de finales de los sesenta del Siglo XX queda perfectamente demarcada desde el momento que se aleja de las iconografías convencionales de la sociedad de consumo, no obstante el recurso de la imagen fotográfica y el respeto a plasmar la fidelidad de la imagen no encontramos la utilización de perspectivas típicas de la fotografía con objetivos angulares y otras espectacularidades, incluso del formato, que distinguieron a aquella tendencia artística.

---

[45] Texto para su exposición en la Sala de Arte Contemporáneo de Instituto Cultural de Sinaloa

Hay en las obras de esta creadora reminiscencias inobjetables de esa añeja corriente, como también referentes del diseño y la composición que reflejan puntualmente íconos y escenas que forman parte de la vida de hoy, lo que nos persuade a ubicarlas, sin menoscabo, dentro del realismo contemporáneo y esto más como sentido de orientación que como real etiqueta, sobre todo por aquellas piezas que si bien parten de una situación captada por la lente, es enriquecida por otros elementos particularizando la historia ("Lazos"), haciendo de éstas, otra realidad.

Si bien en las obras de Elba Rhoads hay una afirmación de la realidad (estrictamente de la imagen), el discurso, el contenido, la historia narra una ficción en donde la autora se enseñorea sugiriéndolas de múltiple formas, dando lugar a diversas interpretaciones. Son obras que van más allá de la realidad representada, que inducen a la provocación, al desafió, que instan a perturbar la obviedad y esto también podría ser un rango que las aleja del realismo convencional y del discurso axiomático.

El proyecto "Definidos plásticamente" que Elba creo buscando representar, a través de la pintura, las normas que nos rigen como seres sociales, la manera en cómo, algunas veces, afectan nuestro comportamiento y modifican decisiones que tomamos a través de nuestras vidas, parte de una idea de representación poco común, recur.re a personajes que se cubren con un plástico transparente, el cual colocaran del modo que lo consideren conveniente y que si bien no es la manera directa o clara de exponernos esas reglas, ese material (el plástico) que se antepone a la figura, que no la bloquea del todo, permite suponer —como la autora observa— algunos de los fracasos o logros de sus representados. Es decir, el plástico actuaría como las normas establecidas, traslúcidas, claras para todos, benéficas incluso, pero que inobjetablemente resultan imposiciones y como tales, aun con sus transparencias, pueden provocar frustraciones. Las posibilidades interpretativas que ofrecen estas obras son múltiples y están ahí obsequiosas a tu discernimiento y a la generosidad de tu imaginación, cualidades indispensables que asignan la diferencia.

¿Que hay en esas imágenes de personajes comunes que provocan una y otra vez la vuelta a la mirada? Es innegable el sentido claustrofóbico inducido por el polietileno y el inminente recuerdo de la asfixia que supone, sin embargo hay en las obras tal ambigüedad que nos obliga a una lectura distinta, es decir el plástico que envuelve, que aparentemente atrapa, con excepción de "Atrapado" y "Lucha", no existe en la mayoría de las imágenes restricción de movimientos y la serenidad de algunos rostros se alejan explícitamente de la angustia (salvo, quizá, de la obra "Esperando". Aunque, más que displacer psíquico parece haber un asombro inaudito). Este juego doble que nos propone la autora se contrapone también a la lectura lineal y a la frialdad del hiperrealismo, incluso, al sentido hiperrealista que Baudrillard empleó como reemplazo de la realidad. Esta ficción que puede llegar a ser una realidad, Rhoads la resuelve tergiversando los estados de ánimo, restándole impacto a un acto angustiante y sobre todo dándole otros sentidos a la obviedad de la imagen.

En otros trabajos nos encontramos ante la representación de un acto intencionado que por la manera poco usual de mostrarlos los desliga del retrato convencional y les otorga la mordacidad de un juego cómplice entre artista, espectador y actor, por un lado las indicaciones del artista para la pose aprobada, un modelo que se reconoce no importan las gesticulaciones y todos, conscientes de la simulación del acto, lo aprobamos sin importar la nimiedad del suceso. Son estas obras más que un asomo de realidad que no les interesa describir historias complejas; la pose desacostumbrada y su factura son suficientes para robarnos la atención. El acto inocente instado por la curiosidad y el placer de la agradable sensación tersa y fría del cristal en "Un beso" o la deformidad intencionada del gesto al presionar el rostro sobre el vidrio en "Una pareja", o la provocada por una fingida presión ajena en "Lazos", son obras que se imponen –insisto- con su calidad representacional, que distan de la convencionalidad, que obtienen su fortaleza en un acto simple, inusual y porque no, sin sentido, pero que también dan fe de la libertad creativa que consiente el arte y que nos demuestra que no se requiere necesariamente de estridencias para validarse como tal.

Las obras de Elba Rhoads reivindican la pintura como una expresión que realizada con herramientas del pasado, aun con el recurso del truco representacional, ganan su espacio en la contemporaneidad ya que nada tiene que ver con el academicismo, ni en sus medios ni en sus fines: "mientras la metodología del academicismo —nos detalla Javier Rubio Nomblot[46]— preconiza el conocimiento previo de las partes para arribar al todo (dibujar un ojo y una nariz, dibujar una cabeza, etc..), el realismo contemporáneo propende, como cualquier otro estilo, a la más absoluta heterodoxia" y es además, de esta distancia que guarda con el pasado, por la osadía de explorar actos poco convencionales, por otorgarles a los mismos

---

[46] Rubio Nomblot, Javier (2010) *Breve elogio al realismo*, texto presentación para la muestra Realismo o4, exhibida en la Galería de Arte Castello 120, de Madrid.

otros valores, por conferirles narraciones de lecturas múltiples y permitirnos acceder a nuevos niveles de la realidad, que de igual forma las convierte en reflejo puntual de estos días volátiles de la postmodernidad.

Aunque no precisa decirlo, por lo evidente, la hechura de estas piezas de exactitud asombrosa, no dejan un segmento al azar, no se requiere de él, la horma en que la artista ha sometido su disciplina obliga a esa conducta, el rigor aquí, es condición inobjetable y las disculpas de la imprevisión siempre las veremos ausentes. Hay horas pendientes aún de reflexión y arduo trabajo, pero seguro estoy que este afán de hacer las cosas adecuadamente y el inobjetable talento que distingue a Elba Rhoads, reflejado notoriamente en esta muestra, se verá coronado con obras más trascendentales que la ubicarán en el espacio de reconocimiento que merece.

Mujeres
(Un andar entre el concepto y la representación)[47]

La confianza, como el arte, nunca proviene de tener todas las respuestas,
sino de estar abierto a todas las preguntas.
Earl Gray Stevens

La acción de representar a otros o a sí mismo mediante imágenes ha sido un acto propio de la humanidad y será abordado de manera distinta según el tiempo y el contexto; tendrá objetivos diversos y de todas sus variantes, su condición complaciente, será la que, tal vez, con mayor frecuencia lo identifique.

El retrato como tal, lo encontraremos —sin negar un pasado más remoto—, desde la representación helénica idealizada en la búsqueda de la perfección y en la celebración romana del *status* que realza poder, influencias y virtudes. Consideraciones que se mantendrán por centurias como precepto inamovible, hasta la ruptura del modelo académico en desestima el parecido a cambio de la forma y particularmente el color (fauves).

Un transitar que a paso acelerado lo llevará a excluir el realismo ante la prioridad de reflejar el mundo interior (expresionismo) y alcanzar el rompimiento tajante con la estética clásica desestructurando el plano bidimensional (cubismo) en pro de una realidad abstracta. (Lo que, además, transforma al espectador en un ente activo que recompone mentalmente la figura en la búsqueda de la semejanza). El retratado aquí, pasa a difuminarse en la materia pictórica. Sin embargo, más tarde se confabulará el parecido con lo onírico (surrealismo), en un pretendido anhelo por sacar a la luz los impulsos interiores reprimidos. Así, en su peregrinar seguirá dando tumbos hasta que retrato y retratado se vuelva un símil (hiperrealismo) que deja poco a la imaginación del tercero (Ya no hay razón de suponer).

Si en la modernidad el retrato rompe con el compromiso entre el modelo y su imagen, todavía mantiene un lazo con la realidad; en esta era postmoderna, la representación ya no se refiere a la realidad,

---

[47] Texto para la exposición *Mujeres,* en Valle de Guadalupe, Ensenada, B.C., México

sino que la precede. La desmaterialización del arte fue una condición que invalidó al objeto artístico a favor de la idea y en ese trance el retrato también se desvaneció de las premisas contemporáneas. Pese a ello —empecinado como toda la plástica— siguió actuando protagónico tras bambalinas.

El retrato en su andar y desandar se convertirá en esa memoria que evoca, condesciende y cuestiona; ahí tal vez su encanto que lo hace persistente a través del tiempo y el espacio.

La obra plástica de Liz Vaillard hace un alto en este género que ya había explorado tiempo atrás con soltura; sin embargo, ahora lo aborda desde una óptica distinta; es decir desde una postura en la que el concepto que da pie y sustento al proyecto se vuelve medular, de tal forma que coloca al objeto de arte en el mismo nivel y propone por tanto dos miradas: desde la idea y el objeto o representación.

Por un lado, el concepto que busca evidenciar un acto de confianza que se extrema hasta un acto de fe (no un dogma teológico), el que le brinda a la autora la última palabra sobre la realización de un retrato y donde la representada acepta conocer el resultado final —ante el desasosiego y la congoja del enigma—, hasta el día y el momento acordado de su exhibición pública.

Por otro, la evidencia retiniana: la autora retoma del pasado y su experiencia, los pretextos para plasmar en el lienzo figuras que identifican a sus modelos, no en las poses o en su espléndida desnudez, sino en ese punto de feliz encuentro que es el rostro o particularmente la mirada; que en palabras de Emmanuel Lévinas (1993), es el principio de la conciencia emotiva, pues la identidad sólo puede constituirse a partir de la mirada del otro.

La exhibición misma es una instalación en la que el cuadro (el retrato) se confabula con el espacio en ese mismo ánimo de equilibrio entre idea y objeto.

Cierto es que el título de la muestra (*Mujeres*) remite a diferencias sexuales y biológicas, así como al carácter social y cultural del distingo de género atribuido a la mujer y que hace referencia indiscutible a lo femenino desde la mirada reivindicativa de igualdad y dignidad. No obstante, en el caso particular de las obras que componen esta exposición y la idea —que como motor la llevó a su realización—, parten de un acto de confianza que será la noción cardinal del proyecto. Coincidentemente como una analogía también de la reivindicación de la mujer en su capacidad de elección.

Mujeres, es un proyecto que se origina en un juego de acuerdos y complicidades —entre artista y modelo—. Inicia este periplo con un exhausto estudio fotográfico en el que se despojan de atuendos y relegan timidez. Registrar los momentos pertinentes fue la consigna y en un acto impositivo, la artista se apersona y arrogándose todos los derechos decide con qué imágenes abordar el lienzo y verter en él los atributos que le darán el temperamento al cuadro.

Si bien el producto final de *Mujeres* es una obra material resuelta con una técnica ancestral, es un proyecto cuya idea persigue ir más allá del retrato en sí, que busca poner en entredicho la función complaciente en que se ha encasillado a este género (aunque en el fondo resulte un acto discutible); contraponiéndose a través de una acción que privilegia la ausencia de intromisiones o decisiones de la representada en la resolución del retrato (pose, gesto, atmósfera, color, etc.).

La confianza como fundamento de toda relación humana, es un valor imprescindible que parece diluirse en estos tiempos convulsos, Liz Vaillard toma este criterio como pretexto temático, lo pone en evidencia y lo muestra mediante un ejercicio estético que implicó para la modelo dejar el *Yo* a un lado ante la confiabilidad de la acción de un tercero. Así también, mediante esta idea dio otras opciones a la unidireccionalidad del retrato.

El arte hoy en día, circunscrito únicamente por su libertad, se da a la tarea, si así lo requiere, de ser un vehículo de ideas que proponen o reinterpretan. Las obras y el concepto de esta propuesta de Liz Vaillard son ejemplo de ese constante trasegar. A fin de cuentas, en la insistencia se develan caminos, se afianzan objetivos y se superan retos.

El arrobo por la complejidad visual, una lectura aparte
(Los días de Ixtlán de Fonthor de Luca)[48]

La fuerza de una obra plástica puede ser tal que rebasa las lecturas lineales y no es porque requiera de complicadas interpretaciones, sino que el abanico de posibilidades que posee puede ser tan amplio, que cada que la sometes a la mirada y al escrutinio, seguro encontraras historias convincentes, congruentes o contradictorias, que te trasladaran a elucidaciones diversas. Muchas de las obras que conozco de Fonthor de Luca pueden incluirse dentro de estos esquemas (las de esta exposición y las que se encuentran en su blog) y son tan sugerentes que, incluso, los conceptos que le dan origen parecen diluirse ante su intenso contenido visual, plural e incluyente.

Me acercare a las obras de *Los días de Ixtlán* con la disculpa de aventurar interpretaciones que tal vez no concuerden con las visiones propias del autor. Quizá pueda justificarme ante el desconocimiento previo de su trabajo o por el encuentro templado en una charla honesta pero frugal, en el que no alcance a conocer las profundidades de este propositivo creador brasileño; sin embargo, la obra es el mejor catalizador para darle rienda suelta a las elucubraciones y creo que en el arte, sobre todo el retiniano, es lo que cuenta.

Fonthor de Luca, en el catálogo de la exposición comenta sobre su fascinación por un lugar imaginario llamado Ixtlán, en donde de una forma metafórica —nos dice—, se puede obtener conocimiento junto con una perspectiva más elevada de la vida y sus manifestaciones, y esto lo correlaciona, según sus palabras, con la manera en que conduce su propia vida. De entrada es permisible suponer que la lectura de *El viaje a Ixtlán* de Carlos Castaneda[49] (por las concordancias del contenido del libro, ya que nunca comentamos

---

[48] Texto para la exposición de *Los días de Ixtlán* de Fonthor de Luca. Pasaje Rodríguez, Av. Revolución. Tijuana, B. C.

[49] _ Castaneda, Carlos (2001) Viaje a Ixtlán. Madrid. Castellano ediciones.

esta referencia con Fonthor), fue el detonador que lo llevaría a encarar plásticamente esa esperanza de amistad que en sus interminables viajes encuentra y transforma en materia o elemento creativo.

Descubro esta correlación del autor en la medida que estas experiencias le permiten dar vida a una obra abarcativa de connotaciones diversas. No obstante, hay otros Ixtlanes reales[50] y mágicos a la vez por sus encantos naturales, que colmaron el imaginario de nuestro antepasado indígena y cuyos orígenes del término mismo resultan enriquecedores y diversos como las propias obras de Fonthor. Aunque será finalmente, así creo entenderlo, la correlación del feliz encuentro con sus semejantes, el contacto, sus afectos y su transitar hacia ese mítico lugar, el rotor que hará posible convertirlo en mejor individuo y que de ese contacto se desprendan suficientes motivaciones para crear, sin que medie, porque no es necesario, una estrecha correspondencia entre concepto y forma.

El trabajo en su conjunto es avasallador y si bien atosiga a la mirada, le otorga elementos vastos para discernir. La obra que como objeto de arte, con su aura benjaminiana indemne y como bien de consumo (aunque no sea la intención del autor crearla en y para ese sentido), logra tal autonomía, que las palabras suelen ser, muchas veces, insuficientes para describirla.

En el entendido de que las comparaciones son en ocasiones inútiles e injustas, estas obras las encuentro, por su estructuración y componentes visuales, fuertemente enraizadas en por lo menos tres modelos del pasado reciente: la abstracción óptica y los iconos multimediáticos del pop sustraídos de las segundas vanguardias y un tercero arraigado en la pintura norteamericana de patrones de los años sesentas; este último, además, como un componente imperioso en la mayoría de las telas que conforman la muestra. Y tengo dos motivos para las inferencias, el primero correlacionado con el contacto directo del autor con estas corrientes (no estoy seguro si técnicamente exploradas también, pues según la información del catálogo su dilatado currículo comienza en 1968) y una segunda interpretación que encuentro atrapada en esta postmodernidad cambiante, en la que caben infinidad de identidades (como en la obra misma de Fonthor),

---

[50] Para algunos antropólogos nombre de Ixtlán es de origen Náhuatl y está compuesto por los vocablos "Itz-ittztell" que significa obsidiana, y "Tlan", que significa lugar, es decir, "lugar donde abunda la obsidiana"; pero para los Chichimecas, Ixtlán está compuesto de la palabra Ixtle que significa hilos o fibras y Tlan, lugar de, "Lugar de fibras" o "lugar donde abunda la fibra de maguey" _ Enciclopedia de los Municipios de México (1986) CEDEMUN (Centro Nacional de Desarrollo Municipal).

postmodernidad que desistió de la razón única, universal y dio paso a múltiples racionalidades que nos permiten, igualmente, otras maneras de ver y entender el mundo y por tanto también, una forma distinta de abordar la realidad, de replantear el arte y porque no, de rechazar la pulcritud artística fomentada por las voraces corporaciones comerciales (puntos símiles con el trabajo de este autor).

Esta amalgama de tendencias que complejizan las obras, reflejan —intuyo—, el espíritu incansable y nómada de este autor de trato amable y generoso, que en el transito permanente hacia el mítico Ixtlán, asume retos forjando una obra osada (a veces) nada complaciente.

Llama la atención de estas piezas singulares, que no encuentras lugares o resquicios disponibles ni tiempo para el descanso en la mirada, como si el *horror vacui* demandara su presencia para adentrarnos a la vorágine de la complejidad visual. El autor consciente de ello va creando una miscelánea de formas, objetos, personajes y colores, que conforman una abigarrada iconografía de posibilidades cambiantes y lecturas múltiples.

Los parámetros convencionales de la estructuración y la composición son trastocados para generar obras grandilocuentes de universos disímbolos, que llevan a caminos truncos o prolongados, en una maraña de rutas que culminan en la explosión del mismo espacio.

Una neográfica emparentada (por lo menos en las formas visuales) con el *collage* en el que la impresión de imágenes con tintas y técnicas diversas y las sobreposiciones de formas ameboideas resueltas con acrílicos, van creando estratos, que sin pausas y a un ritmo vertiginoso cuentan historias frívolas, complejas y rotundas. Fonthor de Luca, se vale de elementos (rostros, figuras, patrones, etc.) que frecuentemente repite y actúan muchas de las veces como atractores extraños, desencadenando un efecto de choque creciente que repercute en un maremágnum de posibilidades interpretativas.

¿Cómo abordar entonces estas piezas rotundas?

Desde la pluralidad técnica, no es suficiente. Desde el rigor de la forma, puede ser un tanto difícil por el embrollo de elementos; sin embargo, es la diferencia que hace de esa saturación una cualidad. Desde la amalgama de tendencias, como un reflejo de los tiempos en que le ha tocado actuar, pudiese ser. Desde el discurso implícito, es muy probable; la diversificación del mismo es un camino que te lleva de la unidad a lo múltiple en una empatía solo concebida desde el pensamiento complejo moriniano y esto es además, un acierto que me permite correlacionarlo con la búsqueda de senderos y personas aludidas por el autor que le consentirán convertirse —como el mismo reconoce— en un mejor ser humano. Siendo así, en estas indagaciones y encuentros, Fonthor va hallando elementos vitales de amor y de esperanza que serán mana y pretextos para crear en esa siempre inquebrantable busqueda de Ixtlán.

El arte es generoso y te permite adosarle cualquier concepto para explicarlo y aunque a veces sea difícil encontrar las similitudes, no es preocupante cuando la fuerza de la obra se trasmina sin reticencias, cuando además, es inseparable la osadía, la ruptura con encuadres y moldes, su ambivalencia y alteridad, que en tal caso lo ejemplificaría con las obras que componen *Los días de Ixtlán* de Fonthor de Luca, en donde el riesgo de la saturación es el sustrato de su encanto, es el reto y acierto a la vez y es, desde mi apreciación última, la voz que por sí sola hace a la obra autosuficiente.

Tijuana, aquí
(La pintura hoy)[51]

La pintura con una historia exaltadora de odiseas, dramas, creencias, con una obsesión por el remedo de la naturaleza primero y un rechazo rotundo más tarde; justificándola como medio de expresión y negándolo después. Invariablemente protagónica, la pintura como un medio de valores encontrados (por lo menos comenzando con los movimientos dadaístas) entre el dilema de su existencia, de su viabilidad y arcaísmo.

La pintura en su eterno reciclar, desde del reduccionismo de sus elementos formales (color y representación) en el suprematismo y más tarde en el minimalismo; el cuestionamiento de la institucionalización y fetichismo de la obra de arte con el *ready made* de Duchamp abriendo nuevos horizontes a la percepción del arte y por ende, la discusión sobre los valores de lo que él llamó arte retiniano; la preocupación en los sesentas por la desmaterialización de la obra de arte, dando inicio con la abstracción excéntrica hasta concluir en la antiforma, en donde los procesos cobraban más relevancia que el producto final; la desvinculación del arte de los centros convencionales de exposición con el *land art* y su irremediable retorno a ellos, hasta la aceptación de nuevos soportes como el arte corporal en su extensa significación.

Todo esto parecía insistir en la decadencia de un arte bidimensional que requiere del color, la textura y la forma para su existencia; vemos sin embargo un resurgimiento de la pintura, aún como un acto panfletario manifiesto durante el activismo y la colectivización del arte en torno al Mayo francés del 68 y de nuevo su distanciamiento con el arte povera; pero será sin duda, la primacía del concepto como objetivo final del arte y la insistencia de Joseph Kosuth de crear nuevas proposiciones y no repetir (embelleciéndolas) fórmulas del pasado, la tendencia que parece alejarse en definitiva de la pintura; no obstante, dentro de esa misma necesidad del artista por

---

[51] Texto para la exposición *Tijuana AQUÍ*, Palacio de la Cultura, IMAC, Tijuana, B. C.

liberarse de yugos y por los sendos intereses comerciables que significa la pintura en el mercado del arte, irrumpe ésta de nuevo en el panorama artístico con el realismo pictórico y más tarde con el hiperrealismo.

La eterna búsqueda de originalidad dará pasos, que por un lado, llevará a la pintura a reducirla a su soporte, a su realidad material (el grupo BMPT y el *Supports Surfaces*) y por otro, a su reivindicación (la *Bad* y el *Pattern Painting* norteamericano, el neoexpresionismo alemán y la trasvanguardia italiana). La posmodernidad mantendrá equilibrada su balanza entre el concepto, las nuevas tendencias y la pintura; entre el pasado y el presente. Los movimientos apropiacionistas y simulacionistas recurrirán más tarde a la pintura justificando sus valores o más bien su presencia, desde premisas contemporáneas, y en este devenir, en que los movimientos surgen, desaparecen y reviven como procesos naturales en la evolución cultural, hemos sido testigos de algo inobjetable: la presencia, siempre, del arte retiniano, de la pintura, y si es el bien de consumo altamente redituable que significa en el *mainstream* de este mundo de economías globales una causa determinante, no se pueden ignorar las enormes posibilidades que aún guarda para renovarse como lo ha demostrado reiterativamente su propia historia.

Es por todo ello, que considero un acierto: *Tijuana Aquí*, en la cual, además de reconocerse a sus creadores que bajo todas las premisas y circunstancias han mantenido vigente esta añeja disciplina, enfatiza sobre la importancia de la misma –la pintura– como reflejo fiel de nuestra realidad artística. Desde la poco valorada pintura sobre terciopelo negro de los años sesenta-setenta que estimuló un mercado en el consumo de arte y dio cierta presencia a Tijuana en el extranjero, y la participación de más de un centenar de artistas plásticos a lo largo de estas últimas cuatro décadas realizando obras que han recorrido las viejas tendencias vanguardistas esforzándose en sus procesos creativos por la realización de un arte que los identifique; hasta la participación de un arte emergente contemporáneo que ha catapultado la presencia de Tijuana en el mundo, gracias, entre otras cosas, a logros de otros movimientos culturales ambiciosos y merecedores también de esos reconocimientos y lógicamente, a un pasado plástico que en su conjunto han contribuido a cimentar la importancia que la cultura fronteriza goza hoy día en otras latitudes.

Reconocer el pasado es sin duda lo que solidifica el presente, pero entender que este pasado sigue vigente, activo y aportando a la amalgama cultural que nos identifica como frontera global, diversa y única, debe ser mejor aún. Una realidad es inobjetable, los valores que conllevan las distintas disciplinas que conforman el arte de hoy, no pueden medirse solamente por lo novedoso, como tampoco descalificarse por lo viejo, (ni todo lo nuevo es óptimo, ni lo añejo mejor) las barreras impiden su entendimiento y peor aún el reconocimiento a lo aportado; son tiempos de aprender a respetar espacios, inclinaciones, tendencias, por ello, he de insistir, en la certera decisión de esta exposición pictórica.

Si bien es indiscutible el reconocimiento y respeto por las tendencias, es menester la autocrítica de sus creadores y el compromiso a expresarse más allá de los límites conservadores de la pintura, sobre todo cuando entendemos que la pintura no responde a un criterio único formalista y no estar sometida por la historia, así como tener a su disposición todos los conceptos, elementos estilísticos y materiales para su ejecución; bajo estas premisas habrán que plantearse las exposiciones, si lo que se pretende es insertarse en la contemporaneidad.

Dos propuestas emergentes
(Pintura en Expansión y Apuntes fotográficos para subsanar la apatía) [52]

El presente apuntala el futuro, es condición *sine qua non* en su generalidad. Sin embargo, contribuir a su desarrollo no resulta compromiso unitario, habrá quienes asumen mayores responsabilidades y otros que, en aún con su desinterés, aportarán para ir conformando el andamiaje de lo que será el mañana.

En el arte, como en cualquier otra actividad humana, sin ser adivino, es fácil deducir que el esfuerzo vertido en el presente lo veremos fructificar al día siguiente. En las generaciones emergentes suele verse con bastante claridad esas diferencias, sin desestimar, claro está, los que permanecen silenciosos dándole forma a sus ideas y que seguro también serán sobresalientes mañana.

No obstante, hay quienes se empeñan en labrar su destino desde muy temprano, quienes asumen responsabilidades y retos en los albores de lo que será su profesión, ahí parecen vislumbrarse otras posibilidades, atisbarse expectativas de un futuro menos incierto. En estas *Dos propuestas emergentes* encuentro esas condicionantes que vieron una luz explorada durante la catedra Pintura y concepto que desarrollamos juntos durante su proceso formativo en la Facultad de Artes de la UABC.

Cada una de ellas desde sus particulares trincheras, investiga, produce, muestra y se exponen a lectura o a la mirada del espectador que escudriña, cuestiona y juzga. De esa cruzada quedarán lastimaduras y glorias, ambas pasajeras pero justas como el condimento necesario que se requiere para crecer, y que uno como cómplice espera silencioso que así sea.

Pintura en expansión
Reubicar la pintura, de nueva cuenta, en el campo creativo (a

---

[52] Texto para la exposición colectiva *Pintura en expansión,* y para la muestra *Entre lo cotidiano y lo incierto* de Karla D' Mara, en El Palacio de la Cultura del IMAC. Tijuana, B. C.

sabiendas de que nunca ha estado ausente) nos lleva a imaginarla en franco compromiso con otras disciplinas y en donde ésta, mantiene el hilo conductor (pigmentos) como elemento que la hilvana y une, explayándose éste sobre cualquier superficie siempre y cuando el concepto sea su columna vertebral y aquí, la investigación que fundamenta y la reflexión posterior que consolida la idea, serán el pretexto que los separa de la simple formalidad representacional.

La pintura planteada desde esta premisa, se expande hasta los confines que al autor convenga. Así se lo trazaron este grupo valioso de artistas emergentes:

Norma Gabriela Moreno (Tijuana, B.C., 1991), con su propuesta *La Línea,* hace un alto en la cotidianidad del universo que se vive en las garitas del cruce internacional donde la vida transcurre en una rebatiña constante; una zona de espera para el cruce a Norteamérica, de largas filas siempre asediadas por vendedores que irrumpen con el pregón repetitivo y molesto, personajes odiados, ignorados, pero también muchas veces necesarios para los que retornan sedientos de la enorme resaca después de una noche sobrada de alcohol y enervantes. Individuos curtidos por el sol abrasador, que aprenden a vender regateando, que esquilman al turista ingenuo, que llenan la mirada golosa del México-americano con dulces, fritangas, clamatos y baratijas; que disimulan un pasado lleno de calamidades y pobreza, y que en su necesidad de subsistir se convierten en un eslabón más de esa larga cadena de explotación.

La pintura de esta autora da fe de estos personajes, asimismo del contexto anárquico en que deambulan saturado de grandes anuncios de panaceas donde la cura de imposibles deja de ser problema, los inconvenientes legales y la falta de dinero siempre tienen solución. En su afán por contar la historia completa le agrega a su propuesta fotografías, historias de vida entresacadas de entrevistas que realiza previamente, en las que develan, a través de un video, las razones de esta odisea; valiosos testimonios de pobreza y lucha constante por la sobrevivencia. Recrea el ambiente, además, con piezas de artesanías colocadas en el piso emulando la atmósfera mercantil y pintoresca que caracterizan al espacio, y agrega, para acentuar el drama, una pieza realista tamaño natural de un minusválido, con su atuendo de vendedor ambulante en su precaria silla de ruedas, quien ofrece sus productos con un dejo de tristeza y cierta malicia, pues sabedor de su condición ablanda corazones, hace aflorar el altruismo y la empatía, ante esa tragedia le compran y pagan casi siempre un poco más de lo que pide por su mercancía. Construye la autora con esta mixtura de géneros y objetos, una protagónica instalación que viste y da cuerpo al concepto; pero ante todo, devela una realidad lastimosa, nada complaciente, que durante el cruce al país de la esperanza pasa ante nuestros ojos con fastidio o indiferencia.

Pablo Rocha (Guamúchil, Sin., 1992), se cuestiona que gran parte del desarrollo de su acontecer social depende de la orientación derivada de anuncios y señales (*Señalización Mediática*), de los iconos visuales que interpretamos sin complicaciones y bien podría decirse que de manera involuntaria sin reparar en su función normativa y buena parte de las veces manipuladora.

Valiéndose de una veintena de señalizaciones, cuya iconografía es inventada por él, las coloca de manera anárquica en el espacio expositivo, lo invade. Pone, de esa manera, en cuestión las reglas y demuestra el acatamiento de ellas, sin que medie, la mayor de las veces, acuerdos y sobre todo motive cuestionamiento alguno.

Esta serie la vincula con las normas morales o conductuales que se establecen en distintas sociedades bajo diversas circunstancias y que a través de imágenes se pone de manifiesto un acuerdo de convivencia. Sin embargo algunas veces se trasgreden derechos de expresión al establecer una norma de conducta rígida, donde los parámetros para juzgar un acto o un comportamiento de bueno o malo, carecen de sentido común o no tienen una base lógica clara en beneficio de la conveniencia perseguida.

Pareciera que las condiciones de conducta e interacción son establecidas por grupos de poder, cuyos puntos de vista buscan establecer cierto orden, mientras que en realidad sólo acaparan la individualidad, violentan los derechos de expresión al limitar las opciones del sujeto sobre las tomas de decisiones. "Es por ello —expresa el autor— que por medio de la señalización, donde se hacen prohibiciones y se resaltan aceptaciones, muchas veces irracionales, hago al espectador participe a esos signos donde puede burlarse, dudar, u ofenderse de ellos".

La pintura de ser representacional, en este caso sígnica, recurre al concepto para poner en cuestión normas y conductas no del todo claras o tendenciosas.

Sandra Vázquez, con su trabajo *La Representación,* se plantea el dilema existencial del cambio que puede inducir el uso del maquillaje (*make-up*), en el hombre, de manera específica, la transformación física, pero sobre todo psicológica que lo provoca.

"La representación de estos personajes —señala la autora— me puso en un estrecho contacto con ellos y desde esta cercanía se amplió mi perspectiva y aceptación. Hoy puedo decir que es una realidad a la que muchos (travestís, entre otros) recurren cotidianamente en la búsqueda de una transformación que les permita integrarse a la sociedad; que visto desde otro ángulo, este trabajo busca también la comprensión de estas conductas y estilos de vida con el fin de contribuir al mejor entendimiento de sus posturas, y en un sentido más amplio o ambicioso, a colaborar en la tolerancia que como individuos requerimos para una sociedad justa".

La pintura que aquí propone sigue siendo protagónica; sin embargo, al incorporar otros componentes (aretes y collares reales al retrato), un tocador con su banco, espejo, perfumes, cremas y demás bisuterías, le agrega veracidad y fortalecen la idea, así el concepto se transforma en la directriz del proyecto.

Lucero Pimentel "Loriela", (Ensenada, B.C.), partiendo de una pintura que realiza (*Fuego y destrucción*), donde alude al mito del fuego y sus orígenes, se da a la tarea de buscar otros recursos con que poder redondear su concepto y reafirmarlo como eje palpable de la propuesta misma. Así lo plantea:

> Valiéndome inicialmente de recursos de las artes plásticas plasmo en un lienzo una alegoría (de mi autoría) sobre el fuego. Sin embargo, la necesidad de crear una realidad palpable, me llevó a materializarla mediante la creación de un libro-objeto. Aunado a ello recurro a otros objetos que permiten completar el sentido de realidad. Realidad de una fantasía que nace de una idea que discurre al texto, a la plástica, al diseño y al objeto. Fundiendo esta fantasía con mi realidad surge "el final del fuego" donde la fuerza humana se destruye por un deseo obsesivo de poseer lo que debe ser libre y como consecuencia de sus actos llega a un irremediable final, recordándonos nuevamente que no hay ningún ser humano más poderoso que la naturaleza.

Una obra alegórica que se resuelve con una pintura y otros objetos tridimensionales en la búsqueda de infundirle veracidad y que termina en una narrativa con la que se justifica y a la vez ésta adquiere sentido.

Jorge Espinoza (Culiacán, Sin, 1988), revisa el universo fílmico y se plantea conceptual y pictóricamente el dilema de *Ficción o Realidad*. Se detiene en el *Spaguetti-Western*, género que pusiera en boga Sergio Leone y abriera las puertas del estrellato a Clint Eastwood en los sesenta y que en su parodia de "El bueno, el malo y el feo" dibujaba a la sociedad en su antípodas positivas y negativas, particularizada por sus personajes de existencia felona y moralidad difusa; condiciones que el artista correlaciona con la realidad y representa con una instalación plástica.

Ana Portugal (Tijuana, B. C., 1989), se autorretrata mostrando, sin modestia, *El otro Yo*, el que describe plásticamente en su esencia sensual y maliciosa. La imagen directa, demoniaca, esconde y revela a la vez la franqueza, y nos enseña que ese otro yo (que también nos conforma), lo negamos y pocas veces o nunca, tenemos el valor de evidenciarlo, de sacarlo a la luz para mostrarnos tal cual somos. La elementalidad de la imagen satánica, oculta —como una paradoja—, el fuerte sustrato conceptual que como discurso le da valor a las piezas.

Aldo Gibrán Valle (Algi) (Tijuana, B. C., 1987), hace su planteamiento estético en la trilogía: *Ansiedad, Depresión y Suicidio*, la evolución natural de un trastorno mental que finaliza en un acto supremo de desdén por la vida. Evolución que pone en evidencia a una sociedad indiferente, que amparada en la ignorancia no detecta el problema y menos le preocupa su desenlace. Aldo recurre a la descripción plástica de estos sucesos, los que relata como historias literarias en un libro de artista y da cuerpo con otros soportes en un juego compositivo instalacionista, cuyo vector fue una idea que en sus indagaciones dieron forma al concepto y se evidenciaron fundamentalmente con la plástica.

La pintura en estas siete propuestas se expande por encima del soporte tradicional y encuentra su coherencia en el concepto, el que afianzado en la investigación le dará cuerpo al conjunto. Trabajos que señalan otras rutas, las que seguramente estas nuevas generaciones enfrentarán con imaginación y solventarán con el compromiso que exige conformar ideas sustentadas en las indagaciones. Un reto que enriquece el panorama creativo y lo proyecta a otras direcciones por encima de un único fin utilitario.

Apuntes fotográficos para subsanar la apatía
(La mirada atenta, la realidad y la indiferencia)

Dónde encontrar el pretexto para el desenlace estético es el dilema común que enfrentamos al inicio de cualquier proceso creativo, su hallazgo fortuito o intencionado seria irrelevante si la representación del mismo discurre en la vaguedad o en el discurso anodino; de ahí el reto de un buen desenlace.

La experiencia de observar recurrentemente, en sus trayectos cotidianos, animales muertos (particularmente perros) en las calles de Tijuana, ciudad cosmopolita, compleja e displicente, llevarán a Karla D' Mara (Hermosillo, Son., 1989) a una serie de cuestionamientos y reflexiones acerca de esos seres que convivieron con el humano, que probablemente fueron parte importante en sus hogares y que por múltiples razones serán abandonados a su suerte. Animales por lo común atropellados, cuyos cuerpos olvidados se descomponen y putrefactan hasta convertirse —tal como sentencia la Biblia en el Génesis—, en polvo nuevamente, ante la brutal indiferencia de una población abstraída en sus preocupaciones.

La desprotección, la inseguridad y la indolencia hacia estos animales se convierten en tema que tenía que replantearse artísticamente D' Mara y habría de hacerlo más allá de lo cruento de la imagen, de lo aparentemente escandaloso que pueda parecer la fotografía del animal inanimado en franca descomposición.

Con esta encrucijada como acicate, se da a la tarea de registrar fotográficamente esta experiencia, la que conjugará con la pintura en la búsqueda de un discurso que le de forma y sostén a sus inquietudes, y de ser posible, se conviertan en herramientas que den mayor visibilidad a esta realidad que no queremos ver, la que a menudo escondemos y velamos con nuestra indiferencia.

D' Mara en esta muestra que titula *Entre lo cotidiano y lo incierto,* da cuenta una realidad capturada en una imagen, la que recontextualiza al adosarle las siluetas de individuos que en actos lúdicos o melosamente bucólicos invierten su tiempo, y en esta paradójica escena develan la pasmosa indiferencia hacia todo lo que acontezca fuera de su ámbito privado; tal como frecuentemente vemos en esta sociedad contemporánea donde lo único que parece interesar eres tú o soy yo. La egolatría utilitaria que nos caracteriza como entes postmodernos se refleja cínica y pertinentemente en esta muestra.

La fotografía aquí, coludida a la pintura, se expande también en la búsqueda por encontrar nuevos medios que tengan mayor injerencia social; que lo esplendido, sorpresivo, halagador o presuntuoso de la imagen, se haga de otros discursos para justificar también, de manera diferente, otras razones de ser, que puedan, incluso, llevar a la reflexión de nuestro accionar cotidiano tan sobrado de indiferencia.

La obras de D' Mara, por lo menos en esta muestra, resultan iconografías reveladoras que avalan historias y desmitifican realidades. En la falacia del ser social subyace un individualismo fatuo y desmedido, D' Mara busca, con estas imágenes compuestas, develarlo para que modifiquemos actitudes en la medida de nuestras responsabilidades.

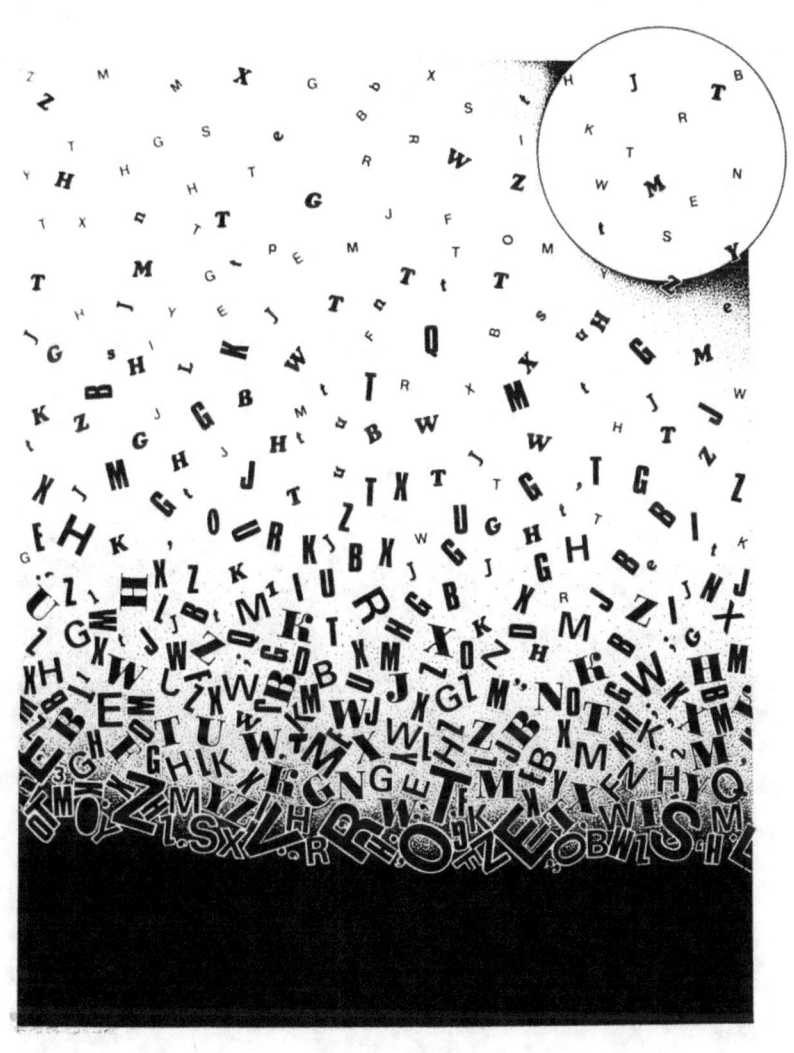

(II)
Palabras para revistas y suplementos culturales

La polifonía de un discurso (ultrabarroco) que devela intransigencias

(La plástica perceptiva y compleja de Ernesto Muñoz Acosta)[53]

El arte en su búsqueda de sentido, de su razón de ser, ha recorrido todos los caminos posibles (hasta ahora) y ha marcado rutas que lo justifican más allá de lo suntuoso e inútil que en ocasiones puede parecer; en ese trance amplísimo ha dado refugio a la pedantería, ha inflado egos y rebosado bolsillos con dinero (a *dealers* y algunos creadores), que en esta sociedad adormecida por el capitalismo no parece haber razón para que sea de otra manera y eso es lo que abunda, no el éxito económico, sino el relumbrón fatuo, harto de banalidades. Sin embargo, hay otra luz que sutilmente se filtra por un resquicio y que como tal, al verse libre se expande, explosiona y seduce; que en justa analogía la encontraría en el arte que da sentido a la vida, el que irrumpe en la cotidianidad para señalar a lo ordinario, en el arte que en su duro andar rompe barreras y criterios obtusos hasta volverse necesario, y ello no abunda; ese círculo pequeño de creadores se vuelve imprescindible.

El trabajo de Ernesto Muñoz Acosta (Nogales, Sonora, 1932–San Diego, Ca., 2012), muestra ese último compromiso. Desde sus inicios evoluciona a partir de la figuración, que sin desvaríos explora a palmo en todas sus variantes posibles y descubre e inventa líneas de acción que le permiten en su recorrido, describir historias de su trajinar por el mundo.

Autor que prospera al fragor de sus vivencias y el convencimiento de encontrar un discurso que le dé sentido a su ejercicio creativo y lo identifique. En esa certidumbre, su propuesta se hace cada vez más sofisticada y progresa hasta alcanzar la complejidad que la caracteriza.

Su retorno a Baja California y su establecimiento en

---

[53] Texto para el *Homenaje a Muñoz Acosta* (2014), en el CEART, Tijuana

Ensenada en los años ochenta, en plena madurez creativa, le permite recapitular y condensar vivencia y práctica en una propuesta fuera de todo rango comparativo con lo realizado en el medio.

En sus tres últimas décadas de vida producirá la obra más sofisticada que lo distingue, una obra sobrada de conjeturas e insinuaciones y poseedora de un discurso repleto de elementos que nos remite a los retablos clericales o a los exvotos pintados, comunes del pasado poscolonial, no porque con ello busque el autor representar un agradecimiento o un testimonio de fe, sino por el empleo de objetos profundamente populares y sus abundantes elementos narrativos.

Obras que con frecuencia rompen el plano bidimensional con el agregado de componentes diversos y sugerentes, de los que sobresalen añejos estofados de madera o policromados al temple de Cristos o crucifijos, de santos cargados de significaciones personales (las de Muñoz Acosta), de ropas impregnadas de pasado, de objetos dueños de su propia historia, la que el autor retoma y despoja parcialmente para componer otras.

Los ensambles plásticos de este artista son vidas complejas que no discriminan angustias ni alegrías; las plasma y le yuxtapone elementos en una ambiente resuelto con un claroscuro categórico. Cada trabajo de Muñoz Acosta, con una significación que se revela, no únicamente en su conjunto sino en los detalles de la pieza, nos envuelve con sus atmósferas provocativas y así, colmadas de imágenes y propuestas, nos las ofrece para que la interpretes según la responsabilidad de tu consciencia.

La historia estética de este autor es una producción diversa y ecléctica, que se desarrolla en un juego de supuestas consignas morales y aparente sincretismo religioso, que se despliega en la retórica de lo popular y la alcurnia; se da tiempo, además, para homenajear creadores que apostaron por la diferencia. Una obra saturada de respuestas varias y lecturas múltiples (las de Ernesto y las de cualquier espectador).

Un trabajo, en cierta forma complejo, que emana, insisto, de las experiencias adquiridas por su largo transitar en el mundo, que dan fe de una visión plural de la vida. Una obra sin igual, densa, rebosante, que se inserta, por lo innovador de su concepción abigarrada de discursos múltiples (y por su apuesta conceptual), en los avatares de la posmodernidad.

Aunque lo anterior parezca claro; precisa preguntar ¿dónde situar realmente el trabajo de Ernesto Muñoz Acosta? ¿Es legítima su inserción en el arte actual?

Son quizá, los temas y objetos empleados, la referencia religiosa, las connotaciones implícitas, lo que hace identificarla con el pasado; por lo que comenzaría, a dar respuesta, abordando la obra desde su planteamiento fuertemente ligado —que no imitativo— al modelo barroco y que si tuviese que situarla hoy en algún espacio o corriente (que no es necesario pero ayuda a una cierta comprensión y a determinar los alcances de la misma), insistiría, con su pertinente aclaración, en la ubicación que décadas atrás Raquel Tibol (1998:64) la situaba al describir "sus comentarios visuales de carácter modernista al arte ultra barroco, con buena carga conceptual".

Desde esa perspectiva, el término "ultra" que Tibol antepone a barroco, que —aun cuando lo hace como partícula separada del adjetivo—, expresa de igual forma *idea de exceso*. La obra pletórica de este artista encaja con precisión en esta conjunción, de alguna manera clasificatoria; no así en la modernidad situada y si hizo referencia al planteamiento estético, tampoco cabría en la ubicación propuesta.

Cierto es que el estilo de Muñoz Acosta comienza a fraguarse desde la modernidad, la plenitud creativa la observamos en un periodo posterior, en donde es posible insertarlo por algunas características recurrentes de sus obras bastante alejadas de la modernidad referida, como son los componentes en los que yuxtapone elementos, más allá del *collage* o el ensamblaje y en cierta forma reúne discursos completamente diferentes que nunca antes se habían superpuesto (como el artificio del barroco, el agregado de objetos reales, de números, letras e incluso palabras que irrumpen el espacio como insinuaciones del querer decir o la alusión directa del nombre que refuerza como si el título no bastara para explicar) y "la fuerte carga conceptual" que poseen, que ya refiere Tibol en el texto citado. Una carga que centra su atención en el receptor y en todos los fenómenos perceptuales que se establecen entre éste y la obra.

Condiciones todas que, incluso, hacen posible también ubicar la obra en el neobarroco, el que José Luis Brea (1991:9) define como un mundo saturado de imágenes visuales y afectado por sobredosis de comunicación, a la que Ana María Guash (*op.cit.*:431) le suma: "no únicamente sobredosis, sino alegoría; alegoría como representación simbólica de ideas abstractas por medio de metáforas que aparentan una cosa y expresan otra distinta". Referencias sobradas que hacen posible insertar el trabajo de Muñoz Acosta en esta corriente actual.

Aun cuando cabría, por ciertas características, acercar la obra de Ernesto Muñoz Acosta a la producción neomexicanista ochentera de aquella generación de artistas (más jóvenes que Ernesto) que recurren a la figuración construida con elementos sustraídos de la herencia novohispánica, de los valores tradicionales, religiosos, populares y nacionalistas, cuestionándolos e incluso subvirtiéndolos, quienes con este aparente sello autóctono de perfil nacionalista buscaron la legitimación como tendencia y por ende la inclusión en el mercado mundial, existen diferencias. Quizá la cercanía con la obra del autor en cuestión la encontremos en el empleo de algunos recursos arriba descritos, sin embargo las formulaciones bien planteadas en una atmósferas barroca, su lejanía con el discurso nacionalista mexicano (el de Ernesto es universal, las obras con las que hace un homenaje a creadores cosmopolitas son buen ejemplo de ello: George Chybinski, Magritte, Shostakovi, Wagner, Puccini, Proust, Goya, Mozart, John Houston, Robert Schumann, García Lorca y un largo etcétera), marca enteramente la diferencia y podría decirse que su propuesta pictórica que se viene gestando desde los sesentas y que madura sí en los ochentas, le antecede y por tanto acentúa su distanciamiento.

Cualquiera que fuese su adscripción, estamos ante una labor que rebasa, por mucho, el arte retiniano formalista propuesto por sus contemporáneos y los supera en la medida de su apuesta por estéticas y soluciones arriesgadas con las que estructura una obra polifónica cargada de connotaciones y significados múltiples, que permite al espectador arribar a lecturas personalizadas siempre cambiantes, que embelesan y develan recuerdos perdidos en la maraña de la indiferencia y las preocupaciones.

Autor de una obra transversal que mantiene su fuerza —como se ha dicho—, en la pluralidad de un discurso vasto, que se muestra sin tibiezas ante un arte de hoy; que al igual que éste, explota en su mutabilidad, en su desinterés por la razón y la lógica del pensamiento, y que en contraposición, la calidad, como valor que distingue, que dejó de ser una particularidad necesaria en lo contemporáneo, en la obra de Ernesto Muñoz es una condición sin la cual sería difícil comprenderla. Esta aparente discordancia lo fortalece en la medida que asume la libertad pregonada en el arte de la posmodernidad y se vuelve así la calidad, un soporte indisociable que da sentido a la perdurabilidad de su obra en el imaginario colectivo.

Ernesto Muñoz Acosta, cimiento imprescindible del arte bajacaliforniano, un autor de entre siglos que deja como legado solvente, una obra heterogénea en la que cada vuelta a la mirada, proveerá motivos suficientes para nuevas lecturas.

Botero en Tijuana: odisea y oportunismo

"Desde las figuras ampulosas del artista, el sensacionalismo
de un arte de inalcanzables precios, hasta la visibilidad exacerbada
por un acto de condescendencia aprovechada" RR

Sé que este epígrafe puede parecer una declaración teatral, pero expone desde mi perspectiva dos realidades. La primera, es la odisea para que esta colección de Fernando Botero Angulo (Medellín, 1932), el pintor latinoamericano vivo más exitoso económicamente hablando, lograra exhibirse en el Cubo del Centro Cultural Tijuana; en la que habría de considerarse las múltiples implicaciones burocráticas que se sortearon, el enorme gasto que implicó movilizar la muestra (seguro y manejo de obra) y tantas vicisitudes más que resultaría ocioso describirlas. Hazaña que habrá de reconocérsele a la atinada dirección de esta institución al mando del licenciado Pedro Ochoa Palacios, quien da fe, que hacer las cosas bien es posible, y ello coloca al Cecut en el vértice, cuando de eventos relevantes se trata; porque posiciona a Tijuana (la ciudad anárquica) en un alto nivel cultural y esto, de manera tangencial, retrata también a su comunidad creativa y a una entidad que tiempo atrás contradijo los calificaciones vaconcelistas dejando de ser páramo sin cultura. Una institución que ofrece a la comunidad expresiones artísticas variadas para que el espectador las coloque en el rincón que su conciencia considere pertinente. Bien por ello.

Botero, alabado y odiado, por su trabajo, éxitos y riqueza; un pintor modernista que desde los años sesenta logra abrirse camino en el espinoso mercado del arte, escalando a la fama desde el SoHo (*South of Houston Street*) neoyorquino, en aquel entonces un suburbio pobre que daba albergue a la comunidad creativa. Un artista que se impuso apostando por un formalismo plástico exaltado en lo voluminoso, un signo patognomónico que lo hará distinguible por sobre cualquier otro pintor del orbe.

Creador de figuras cuya corporeidad abarcan casi la totalidad del cuadro, con perspectivas a veces arbitrarias (como lo es la escala de las figuras), las que modifica de acuerdo a su importancia compositiva o temática y hace de estos medios un recurso, un tanto lúdico, que guarda un acento irónico y una crítica social, la que se hace aparente o se diluye, cuando lo voluminoso, en vez de acentuar o evidenciar el problema o el trauma, vuelve la escena jocosa y sensual (un término, este último, con el que el autor describe a sus gruesos personajes). Recursos técnicos que ante el asombro de la corpulencia convierte a sus obras satíricas en festivas y graciosas, que resulta certero en muchos de sus trabajos (bodegones, retratos, autorretratos, temas mitológicos y un largo etcétera) y provocan el disfrute en el espectador, y si bien este no es el único fin del arte, es el que más atrae y entretiene al público; una intencionalidad bien empleada, seguramente responsable de gran parte del éxito sus piezas.

No obstante, he de insistir, (y aquí la segunda realidad) cuando de crítica al sistema se trata o de evidencia a la triste realidad social, las cualidades físicas de sus representados (personas, cosas y situaciones) transforman la amonestación o empatía de tal o cual escenario en un asunto gracioso que puede descollar en la broma y el simplismo, y con ello subvertir la idea esterilizando cualquier intención delatora o solidaria.

Para ejemplo recordemos la vieja pintura titulada *Retrato oficial de la Junta Militar* (1971), una especie de sátira al gobierno castrense, al dictador y sus seguidores serviles, los que plasma ataviados en su uniforme de gala y atuendos costosos, todos rechonchos y sonrientes, impávidos a las moscas que le sobrevuelan y que los ridiculiza, sin que se den por enterados. Sin embargo, si la intención del autor es señalar con ese gesto lo maloliente del sistema, el impacto visual de la obra lo contradice, pues ésta, colmada de voluminosidad, gracia y armonía, deja en un plano secundario la imbecilidad que caracteriza a los personajes, el contubernio cínico y sus atrocidades cometidas.

Igual ejemplo de estas contradicciones son la serie *Abu Ghraib*, realizadas en el 2005, sobre aquellos sucesos represivos emanados de la caja de Pandora de la milicia norteamericana que el periodismo destapó y mostró al mundo sorprendiéndolo por el horror, el cinismo y la brutalidad de la otrora policía del mundo, contra iraquíes indefensos arrestados por supuestos actos terroristas. Obras "nacidas de la ira de tal horror" según declara Fernando Botero en una entrevista que la hacían para la exhibición de estos trabajos en un espacio expositivo de la Universidad de California en Berkeley; confesión que, por supuesto, no se pondría en duda. Sin embargo, lo dantesco de las escenas sometidas a las mismas cualidades plásticas descritas con anterioridad, en que la exaltación de lo corpóreo, el acartonamiento de las formas, la luminosidad teatral de las atmósferas, en donde, además, los protagonistas son los reos y el antagonista no aparece o sólo deja ver la bota que agrede y es invisibilizado restándole importancia al hecho; todo ello vuelven triviales la agonía y la brutalidad de este acto inhumano, consecutivo al odio y al racismo inducido por la ambición de un imperio verdugo.

Aquí la intención no es suficiente para justificarse, como tampoco sus declaraciones de que "el arte es una acusación permanente", pues ante la abrumadora realidad, las imágenes bajo ese trato frívolo, las vuelve inofensivas, groseras y ridículas; al hecho lo transforma en un acto circense y el propósito sólo deja ver oportunismo.

Lo mismo puede decirse de la serie que ha realizado sobre la violencia provocada por el narcotráfico en Colombia (El carro bomba, 1999, La muerte de Pablo Escobar, 1999, La Masacre, 2000 y Pablo Escobar muerto, 2006 y tantas más), imágenes nacidas de una realidad aterradora, en donde la impunidad y corrupción del sistema han sido determinantes para su expansión al mundo con el mismo modelo sanguinario y que los medios masivos de comunicación han divulgado sin restricción alguna, volviéndolas digeribles al grado de inocuidad, pero que al ser convertidas en trama plástica, tratadas con la pincelada delicada y discreta de una capa de óleo sobre otra hasta que logra una tesitura cromática que invita al tacto, en un ambiente de formas voluminosas de placidez visual, Botero le destierra todo drama y las vuele banales. Aquel grito desesperado que quisieron exaltar denunciando todo, es convertido, por la magia del pincel, en murmullo de campanillas triviales apenas perceptible.

De ese drama sin drama, de ese anacronismo nace también *Viacrucis, la pasión de Cristo* (2010-2011), ese recorrido al Calvario, que desde la aprehensión de Jesús se convirtió en tormento hasta coronarlo con la crucifixión, que dado el ímpetu de las acciones se han vuelto epítome del sufrimiento, que para el creyente no tiene parangón con otro desconsuelo y ejemplifica la cúspide de su fe; visto a través de los ojos pletóricos de Botero la redundancia de formas obesas y las trivialidades de cambiar turbantes por sombreros, brazaletes por relojes o volverse espectador ataviado y como *voyeur* espiar o ser testigo de la traición de Judas desde una esquina del cuadro, hacen de este martirio un recorrido de formas agraciadas por el trato suave del color, la exuberancia de la forma y las miradas displicentes del resto de los protagonistas.

Un trato irreverente al suplicio que, o bien detalla y denuncia una historia manipulada hasta el cansancio por la religión o convierte al dolor, paliado por la impertinencia (evangelizado en bufonada), en una mascarada más del oportunismo.

¿Dónde entonces ubicar estos cuadros repletos de carne e ingeniosas formas?

Las aportaciones que esta manera de pintar tributa al arte internacional, específicamente al producido en la modernidad, fue el hacer un replanteamiento a los cánones (todavía inscritos en los parámetros griegos de belleza) de las formas del cuerpo humano aceptadas como normales, y aunque esta volumetría exaltada no deja de ser más que una cualidad formal equiparable a cualquier otra manera de expresión como las vistas durante las vanguardias históricas ataviadas de originalidad, no exime de méritos a la obra de Botero; pues colocan también a estas pizas *sui generis* bajo la premisa de la singularidad. Si bien ningún pintor las había abordado de la manera en como este autor lo hizo, ello puede ser el mérito; pero si además, el trabajo es propuesto y ubicado en el lugar y el momento preciso (recordemos sus inicios neoyorquinos) esto resulta atractivo para un mercado goloso de novedades que puedan ser transformadas en insumo del mismo.

La cuestión aquí (particularmente las piezas a que hago referencia) no es la forma el problema sino la intención; el representar con elementos antagónicos una situación, que aun cuando puede ser un recurso meritorio por inverosímil, se diluye cuando la forma no corresponde al hecho, sobre todo cuando bajo el pretexto del cuestionamiento y de la denuncia buscan convencer mediante el empleo de estos recursos plásticos poco congruentes con el suceso. Figuras que bajo cualquier análisis simple denotan otras cuestiones, cuya discordancia disuelven el drama o minimizan la cruenta realidad esgrimiendo únicamente el pretexto del estilo para su justificación.

Y no es que se tenga que hacer apología de estas calamidades con imágenes miméticas (eso se ha hecho hasta la saciedad), lo que es cuestionable y parece poco ético (aunque este concepto también hoy tenga poca credibilidad) es valerse de esas situaciones, para que a través de la fama que acompaña al artista y mediante el ardid publicitario, vender la idea del hartazgo a la violencia, de las corruptelas del sistema, del compromiso con la denuncia social y con la solidaridad, esto en el arte y en cualquier otra actividad humana se conoce como oportunismo.

El arte en su amplísima acepción arropa un número casi ilimitado de formas, situaciones y conceptos, de entre esa pluralidad unos de sus fines ha sido la complacencia y la emotividad que genera (aunque hoy sabemos bien de sus otras responsabilidades) y ese es un motivo que alienta a muchos artistas a reproducirlo, porque además es bienvenido en el mercado. Es incuestionable que todos tengan el mismo derecho a decidir en qué dirección guiar su barco; pero cuando hay de por medio acciones premeditadas que edulcoradas con el éxito y el pretexto de la ironía se ofrecen como muestra de solidaridad y empatía con la pobreza, el dolor, la fe o a manera de denuncia a la violencia, a la corrupción en todas sus formas imaginadas, las intenciones veladas del autor salen a relucir no importa cuán carismáticos puedan ser sus personajes.

En el arte sabemos que no siempre se muestra lo que es, que puede subvertir las situaciones o cosas, exagerar o minimizar, pecar de veraces o falsas, su imponderable capacidad camaleónica sólo es comparable a su libertad y en ese amplísimo precepto se cuela de todo; empero, mientras la guía del mismo dependa de los designios del mercado (riqueza y fama), no dejarán de sorprendernos con sus alcances propositivos, deshonestos o triviales.

Marta Palau

(Un contrafuerte inestimable en las artes)[54]

La historia la conforman las personas y sus actos, la del arte bajacaliforniano, en su caso, forjada particularmente con el accionar de sus artistas será registrada de manera parcial por sus narradores. Estos ponen nombre a los hechos y a sus actores y la lista donde todos participan se hace interminable; sin embargo, habrán representantes cuyos recuerdos perduren más que otros y el inventario dilatado inicial, se irá reduciendo en la medida del compromiso que el artista asumió en su producción y con su comunidad; de ahí que trasciendan en el tiempo aquellos que con su entereza recorrieron o aún recorren el camino con firmeza y responsabilidad y son, a fin de cuenta, quienes fortalecen y hacen memorable la historia.

Que para el caso lo ejemplificaría con la figura solidaria de la artista Marta Palau, (Albesa, Lérida, España, 1934), quien desde 1940, vive en México y gran parte de ese tiempo en Tijuana, su ciudad, como ella siempre lo enfatiza. Con una formación artística consistente[55], una vocación irrefutable y una producción sin precedentes, lo que la convierten en la protagonista de una carrera célebre colmada de merecidos reconocimientos nacionales e internacionales; que rubrican su carrera con el máximo galardón que se le otorga en México a un creador: el Premio Nacional de las Artes, 2010[56].

---

[54] Texto para el homenaje a Marta Palau, Cecut., 2017

[55] (1955-1965) La Esmeralda-INBA México, D.F. San Diego State University, San Diego, CA. Taller grabado con Guillermo Silva Santamaría en La Ciudadela, Taller Grau Garriga, Barcelona, España.

[56] Única (hasta la fecha) artista bajacaliforniana que obtiene tal reconocimiento, que como triste corolario paso desapercibido en nuestra localidad y sin que ninguna autoridad o institución cultural dedicara una nota periodística de la importancia de tal distinción.

Un reconocimiento que si bien en su momento pasó desapercibido por las autoridades educativas, culturales y el gobierno local, sin que se le dedicara, por lo menos, una nota periodística; hoy aprovecho la ocasión (me atrevo a decir que a nombre de la comunidad artística) para resarcir esa torpeza y reconocer la importancia para la colectividad regional (y nacional, por supuesto) de tal logro. Un premio valioso que (como la cereza en el pastel) corona al modesto esfuerzo de la comunidad creativa, contribuye a reafirmar nuestro estatus cultural y a recordar que hace mucho quedó atrás aquellos señalamientos de entidad sediciosa e inculta.

La versatilidad de su actividad artística le ha permitido transitar por la pintura, la gráfica, la cerámica, la escultura, el tapiz, la ambientación, la instalación, se ha detenido en cada uno de esos momentos, en donde después de analizar su contexto, replantear el sustrato de estos recursos expresivos, expande sus posibilidades y deja huellas del reconocimiento a la dignidad de nuestros ancestros, así como manifiesta la inconformidad por nuestra irresponsabilidad para con ellos.

Siempre mantuvo la mirada creativa a la altura de cualquiera, no declinó ante las imposiciones hegemónicas del arte, utilizó de ese universo lo que consideró pertinente resignificándolo hasta encontrarles su propio sentido.

Así, mientras Eva Hesse, a mediado de los sesenta producía en las antípodas de la forma y en la libertad o excentricidad de los materiales y Robert Morris, una década después se regodeaba con sus fieltros dismórficos; Marta Palau, también por esas fechas, redimensionaba el tapiz excluyéndolo de la función de abrigar muros o terminar convertidos en objetos suntuosos de decoración; con sus piezas disformes lo expandía hasta el ámbito de la escultura; situándose también en el vértice de los cambios que iniciaban la ruta hacia la desobjetualización del arte.

Igual podría decirse, que mientas los povera italianos trabajaron en contacto directo con materiales carentes de significación cultural, y ello suponía una importante reflexión estética sobre las relaciones entre el material, la obra y su proceso, al igual que un rechazo hacia la creciente mecanización del mundo; Marta Palau, ha empleado también materiales pobres,[57] pero más que las posibilidades estéticas y discursivas que le proveen, ha sido su esencia enormemente rica

---

[57] Fibras vegetales de índole diversas, palos, hojas secas y caparazones, tierras y barro, listones y estambres de colores, entre otros más.

como componentes de la naturaleza cultural que representan, y que a diferencia de los artistas mediterráneos, les restituía su trascendencia cultural, y sin recriminar la industrialización del orbe, reconformaba el universo de las ancestrales culturas indias americanas, al tiempo que visibilizaba su abandono. Así, devolviéndoles sus valores atávicos, recrea sus universos y temporiza una nueva cosmogonía que ensambla perfectamente en los avatares contemporáneos.

Es difícil ignorar el pasado rupestre del nativo californiano en las creaciones polifónicas de Marta Palau, hay en ellas un esfuerzo por recuperar la memoria de un tiempo transitado, pero también —y ahí su grandeza—, como dice Angélica Abelleyra (2001)[58] por recuperarlas del olvido.

Vivir en una de las zonas más complejas del mundo, estigmatizada por la violencia tantas veces volcada sobre estos desplazamientos humanos, que anhelan dejar atrás la pobreza atávica y se aventuran hacia un país idílico cargando a cuestas únicamente la esperanza; vuelve inadmisible la indiferencia hacia estos actos. Los trabajos de Marta Palau, sopesan las intransigencias de una sociedad indolente hacia las trasgresiones del migrante, a la vez que universaliza lo local y da voces a todo aquel que padece estas circunstancias.

En ese sentido, no es posible también ignorar el muro que como una gran cicatriz se extiende a lo largo de la frontera del Norte mexicano, Marta Palau refrenda su compromiso social con las preocupaciones de vivir frente a un muro ignominioso[59], icono lamentable de las magnas desigualdades del Primer y Tercer Mundo, aludiendo esta realidad en su obra.

Generadora de proyectos de trascendencias internacionales como Salón Michoacano Internacional del Textil en Miniatura en

---

[58] Inmersa en la tierra y los mitos, Palau no podía desligarse de las etnias que todavía pueblan Baja California, [...] En los parajes del norte conoce a los Cochimís, a los Cucapá, a los Kiliwas, a los Pai-pai y a los Kumiai. De algunos ha retomado la forma de sus manos para vestir un mural, de otros su sapiencia para tejer la palmilla o moldear el barro, de unos más graba sus canciones en lengua original o conoce sus oficios de caza y recolección más no de cultivo de la tierra porque para ellos ésta es sagrada y no debe ser horadada. (Angélica Abelleyra, 2001).

[59] *Los que quedan-muro transitable*. Museo de las Californias, Cecut, Tijuana, B. C., México, 2001; *Doble muro*, Instalación, Sala Arte Público Siqueiros, SAPS -El Cubo, Ciudad de México, 2006; *Front-era*, Colección Museum of Contemporary Art San Diego, MCASD, La Jolla, Ca., 2004.

1985, el Salón Internacional de Estandartes en 1996, ahora transformado en Bienal Internacional; la muestra *Cinco Continentes y Una Ciudad* en 1998 que, junto a las numerosas conferencias y talleres impartidos, la convierten en una promotora cultural valiosa y difícil de sustituir.

Marta Palau ha sido, es y será, una creadora indispensable para Baja California, no sólo por su generosidad en la promotoría y la gestión cultural al develar la región y al situar a sus autores en el panorama cultural latinoamericano; por haber sido un referente sólido que aun incentiva a las nuevas generaciones a salirse de los cartabones instituidos en el arte, y por su producción excepcional, que ha mostrado al mundo esa otra cara oculta (pasado y presente) de esta frontera singular.

La deuda imperecedera que el arte y sus autores de esta frontera tenemos con la artista, resulta tremendamente difícil de saldar; sin embargo, trataremos de subsanarla, honrando tu compromiso colaborativo, emulando el espíritu de tu transitar creativo, buscando ser artistas más responsables con nuestra realidad incierta y, ante todo, ser más solidarios y mejores individuos.

El artista y su postura creativa ante la identidad fronteriza

(Cambiar o seguir en la misma ruta)[60]

¿Cómo se mira la frontera desde la frontera y cómo la refleja en su obra el artista fronterizo? Partiendo de estas interrogantes buscaré responder desde mi perspectiva como creador y como investigador del desarrollo artístico local; tratando de entender, a la vez, si la ruta recorrida hasta ahora ha sido la pertinente o se requiere de otros planteamientos.

Soy un artista visual nacido en el Sur del país, formado inicialmente en el centro y que radica en el Norte desde 1986. Arribo a estos parajes fronterizos con una visión muy generalizada del arte, produciendo, por lo regular, pinturas con temas diversos y sin ninguna línea clara donde inscribir mis exploraciones.

La primera impresión que tengo de la producción artística local a mi llegada y después de un tiempo activo en la región, fue la de un claro desinterés por abordar los temas relacionados directamente con la frontera y específicamente con la problemática generada por la migración. Esto será determinante para el camino estético que habré de seguir, pues centraré a partir de ahí los parámetros de mi producción en estos escenarios.

En una ciudad, ya en ese entonces pluriétnica, con una multiculturalidad manifiesta, fruto de la diversidad poblacional originaria de distintos estados del país, de Centro y Sudamérica, incluso de naciones lejanas como China y Corea; atraída, en su mayoría, por el sueño americano como remedio para paliar las precarias condiciones de vida de sus lugares de origen, y que al fracasar en sus intentos por cruzar a la unión americana fincan su residencia en la localidad.

Una nueva población inmersa en la supervivencia y la construcción de un patrimonio, frente a una comunidad nativa acostumbrada a la diferencia mexicoamericana, forjando de la misma

---

[60] Texto para el Conversatorio Centro /Frontera. *El reflejo de la identidad en la obra artístico intelectual*, Universidad Iberoamericana, Noroeste, *campus* Tijuana (2018).

manera su futuro, pero desde una mayor comodidad. La primera, por lo regular, fruto del rechazo norteamericano o atraída por las posibilidades de iniciar una nueva vida en este espacio de oportunidades y la segunda, amoldada a la convivencia limítrofe, experimentada incluso en el aprovechamiento de algunos desechos del país vecino dando lugar a una cultura del reúso que se volverá característica del contexto. Una sociedad, en términos generales, inmersa en sus preocupaciones, pero notablemente indiferente al hostigamiento, la persecución y violación de los derechos universales, incluso, a la agresión física y muerte del migrante; así también insensible a las consecuencias sociales del narcotráfico y lamentablemente habituada a la apatía gubernamental ante todo lo sucedido.

Las abundantes notas rojas publicadas en periódicos locales, las noticias televisivas o las emitidas por la radio sobre indocumentados agredidos o asesinados en ambos lados de la frontera y los informes sobre la creciente violencia del narcotráfico, no parecían motivo de preocupación social; la comunidad creativa mostraba la misma actitud; la salvedad serán algunos artistas que aisladamente tocaban el tema en sus trabajos como es el caso particular de Joel González Navarro, quien lo haría con cierta recurrencia con obras que diseccionaban a la perfección el fracaso de una revolución social, la migración forzada y la lastimosa realidad del indocumentado en su intento por cruzar al país vecino.

Los cambios sociales detonados en los noventa como consecuencia del TLCAN con la consecuente revolución maquiladora, será otra razón más para instalarse en la frontera donde siempre permanecía abierta la posibilidad de atravesar el muro y vivir en la añorada esperanza del camino de vida americano. Otros artistas nos involucraremos en la representación de esta problemática social; los fotógrafos, documentalistas en su mayoría, convertirían el muro y sus personajes también en tema recurrente; no así la fotografía emergente que se desligaría de estos tópicos volcándose a registrar la multifacética ciudad y sus derivaciones. Con todo esto, la visibilidad de Tijuana se redimensionaba tras la cortina de la ciudad del vicio. Los invitados a participar en eventos binacionales como inSITE y el Salón Internacional de Estandartes —posteriormente convertido en bienal— que cumplieron su ciclo y hoy ausentes, por lo regular dieron cuenta en sus obras de la controversial situación fronteriza.

Al siglo nuevo le dará la bienvenida una producción local contemporánea que acata las normas establecidas por el *mainstream* y se diversifica en la interdisciplina; los contenidos directamente relacionados con la migración pasarán a segundo término, lo universal parece entenderse como requisito indispensable para figurar en los anhelados circuitos del arte. Los temas relacionados con otras realidades del contexto, particularmente la cultura del reúso, será reinterpretada por el artista convirtiéndose en un recurso que evidenciaba, entre otras cosas, y tal vez sin que el artista se lo propusiera, la otra cara del neoliberalismo rampante.

A la distancia, se pueden reconocer algunos aspectos en la obra de los artistas locales directamente relacionados con la identidad fronteriza. El primero, derivado de las consecuencias de la migración, en particular por el trato al indocumentado en ambos lados de la frontera, su situación fragmentada por el abuso de policías y polleros connacionales y la patrulla fronteriza conformada por racistas blancos y ciudadanos de origen tercermundista convertidos en esbirros de ideales gringos; y los grupos caza-migrantes compuestos, por lo regular, con xenófobos veteranos de guerra, y el muro como testigo de todas estas calamidades; mismo que ejemplifica la política racista norteamericana, que ante la indiferencia del gobierno mexicano y la mirada impasible del mundo, se fue acrecentando a la par de la trasgresión de los derechos humanos.

Segundo, la cultura del reúso producto de la condición propiciada por nuestra posición territorial que obliga a fungir como traspatio de los Estados Unidos, quien por hábitos consumistas desecha todo por el ansia de lo novedoso; cuyos productos terminan abarrotando las múltiples "tiendas de segunda" y los mercados sobre ruedas que día a día invaden las calles de la localidad; así como la enorme cantidad de desechos procedentes de la industria maquiladora. Productos, en ambos casos, que serán frecuentemente reutilizados en la producción artística regional, derivando en propuestas estéticas que comulgan con ideas ambientalistas o bien delatoras de la condición neocolonial o sencillamente, apropiándose del objeto y convirtiéndolo en sustrato de un discurso universalista.

Tercero, quizá en menor medida, los creadores que de vez en cuando abanderan de manera directa o indirecta sus planteamientos estéticos con la narcocultura, aunque no se trata de apologías a tales situaciones y tampoco reprochan con insistencia sus consecuencias como la adicción y la violencia, y aun cuando en algunas obras estas situaciones sean evidentes, parecen más circunstanciales que delatoras, dado que son —desde mi perspectiva—, simplemente el reflejo de una abrumadora realidad cotidiana que resulta difícil invisibilizarla en los discursos.

Y por último, el artista, particularmente plástico, de las generaciones viejas o intermedias que repite los modelos formalistas, produce bajo esquemas intimistas, plasma temas relacionados con aspectos comunes o derivados de imágenes convencionales cercanas a las modas, y las generaciones más actuales que aún lo hacen bajo esa línea plástica, se observa bastante influidas por las ilustraciones de *comics* especialmente orientales y toda la parafernalia derivada de la explosión de las imágenes de Internet.

Aspectos todos que permiten conformar una identidad, que si bien no es única en el mundo, se ha convertido en discurso recurrente en la producción de un número importante de artistas regionales; no obstante, el grueso de la producción refleja preocupaciones más cercanas a la conveniencia del mercado repitiendo los esquemas dictados por los grandes circuitos del arte, quienes ponen como ejemplo artistas famosos provenientes de países hegemónicos, cuyo triunfo está ligado indefectiblemente a la venta de obras; de tal manera que emularlos se convierte en sinónimo de éxito, restándole importancia a otras potencialidades del arte. Una condición alimentada también en las esferas formativas locales, cuyos perfiles de egreso fomentan la producción de objetos artísticos como ruta probada para triunfar, que en honor a la verdad, no lo es; y aunque esto es un aspecto relevante debe ser, admito, motivo de discusiones en otro tiempo y espacio.

Si bien mi percepción define una línea lógica respecto a cómo interpreta el creador la realidad del contexto; algunos, resumiría, con una producción solícita destacarán lo emotivo, otros pondrán en cuestión la crítica situación social, la corrupción de un sistema que beneficia a unos pocos, las consecuencias de políticas migratorias erráticas, así como la displicencia y complicidad del sistema con la delincuencia organizada; si bien, en términos reales, aun cuando se continúa produciendo desde la comodidad de la complacencia, el reclamo o el señalamiento, lo hacemos bajo esquemas convenidos por un sistema que prioriza el arte como insumo de mercado, y ante esto, la diferencia respecto a la forma de producir en otros lugares del país, no dista mucho de la manera como se aborda el arte en la frontera, independientemente de que prevalezcan unos temas sobre otros.

Este esquema repetido históricamente hasta el cansancio, exitoso para una elite, deja pocas alternativas para visibilizar —sin ser exotizado— el potencial creativo generado desde estos rincones tercermundistas. Es probable que exista poco interés en colocarse en una trinchera distinta a la establecida, pero también es difícil no reconocer que las condiciones completamente dispares que prevalecen, no exhorten a construir nuevos modelos alejados de aquellos que señalan, premian o castigan a conveniencia, y apostar por otros que muestren la capacidad que se tiene para redimensionar el arte y adosarle asimismo otras responsabilidades, sin esperar, insisto, que nos palmeen el hombro y nos certifiquen por cumplir con sus exigencias.

La escultura contemporánea
(¿En el limbo de la instalación?)[61]

Desde la prehistoria hasta nuestros días, el hombre ha empleado la tridimensionalidad en la figura para representar aspectos particulares de su vida, siempre con un fin determinado, es probable que con objetivos funcionales al principio y más tarde estéticos; de la manera que sea, todos serán ejemplos precisos de su enorme capacidad creadora.

En el Paleolítico (desde el 27.000 al 10.000 a. C.), ya con la presencia del *Homo sapiens* y su condición nómada dependiente de la caza, pesca y recolección, de acuerdo a los vestigios encontrados, además de las armas y otros utensilios realizados en piedra tallada, se observan las primeras expresiones creativas de objetos y relieves en huesos con siluetas antropomórficas y animales; así como expresiones de mayor complejidad como las figuras tridimensionales femeninas de piedra, portadoras de una gran exuberancia interpretadas como una exaltación a la fertilidad: la Venus de Willendorf de Austria y la de Lespugue en Francia, (24.000-22.000 a. C.), como ejemplos de ello.

En el Neolítico (7000 al 2000 a, C), el hombre vuelto sedentario cultiva la agricultura y la ganadería; construye monumentos megalíticos y perfecciona el uso de la arcilla para objetos utilitarios; las primeras piezas escultóricas con ese material que se conocen proceden de Egipto, China, India y Oriente Medio.

La Edad Antigua, que coincide con el surgimiento y desarrollo de las primeras civilizaciones, con la invención de la escritura como punto de partida, el inicio de la vida urbana; la aparición del poder político y de las religiones organizadas; todo ello en una compleja estratificación social que da pie al surgimiento del trabajo obligatorio, a el establecimiento de impuestos y al comercio. La escultura se volvía preponderante por su fuerza representativa simbólica y mimética.

---

[61] Texto para la conferencia introductoria del curso "Escultura Contemporánea", Ceart, Tijuana, 2017

Así, en la civilización mesopotámica, encontramos la escultura Sumeria (3er. milenio a. C.), aludiendo a prácticas religiosas o a representaciones jerárquicas que denotan, con un mínimo de formas, un alto sentido de la proporción. Los relieves Sirios realizados hacia el segundo milenio a.c., de personajes míticos, volumétricos y complejos, resueltos con gran realismo dando muestra de esa capacidad creativa referida.

La escultura egipcia de pequeñas y grande dimensiones, representativa de divinidades, faraones y otros personajes, de una calidad técnica depurada; si bien repetitiva en formas, serán valiosos elementos con los que ha sido posible desentrañar su organización social, su cotidianidad, sus triunfos y profunda cosmogonía.

La escultura de la antigua Grecia volcada a la representación de una realidad idealizada, alejada de lo vago y monstruoso, perfecta en los contornos y detalles, en la armonía y belleza; serán transcripciones claras de su mitología, sus victorias y retratos de personajes históricos y emblemáticos; todo un opúsculo de imágenes que han permitido conocer su grandeza cultural.

La escultura etrusca (siglo IX y el I a. C.), si bien considerada derivación de la griega, el nivel representacional logrado con la terracota, la talla directa en piedra y el vaciado en bronce, los convierte en mercaderes de cotizadas piezas funerarias, religiosas y retratos para la sociedad acaudalada etrusca, griega y romana.

La escultura de la Roma imperial, por su parte, influida fuertemente por la griega y la etrusca, se perfecciona y se convierte en el epitome de lo laudatorio, celebran con ella conquistas, alaban a sus dioses y elogian, con un excelente retrato, a sus personajes más sobresalientes.

En tanto que en la contraparte oriental, la escultura china poseedora de una delicadeza estética singular, dada en parte por los materiales empleados (marfil, jade, bronce y cerámica) y por la majestuosidad de sus personajes míticos tallados en piedra o madera, pensadas para reverenciar, así como también para el disfrute particular y símbolo de posición social, reflejan junto con las otras formas de expresión artística y la arquitectura a una colectividad profundamente jerarquizada.

La escultura prehispánica presente en pirámides, santuarios, explanadas y estelas, monumentales o intimistas; representativas de deidades antropomórficas de su amplísima cosmogonía y de sus gobernantes. Manifiesta en sus figuras detalladas de rica ornamentación como ejemplos precisos de sus conocimientos y habilidades creativas, de las que es posible suponer cierta libertad del autor, dada la amplísima variedad de formas de los mismos personajes o deidades realizados.

La escultura hindú con la que simbolizaron su ideología filosófica y religiosa, plantea un conflicto permanente entre la muerte y la vida, entre el final y la eternidad. Si bien las figuras más destacadas son dioses y semidioses, representaban también con regularidad sus tradiciones, en donde los aspectos sexuales son mostrados con vasta libertad. Una obra que bien puede encontrarse en representaciones solitarias o comulgando colectivamente en su espléndida arquitectura.

La escultura africana, etiquetada por los occidentales como primitiva, de la que sólo se difundían extrañas máscaras ritualistas y minimizaban su elevado nivel creativo y técnico; los bronces, latones y marfiles del Reino de Benín, actual Nigeria, descubiertos y sustraídos durante la colonización inglesa en el siglo XIX, que fueron mantenidos casi en la clandestinidad como exóticas piezas etnográficas, demuestran, contrariamente, una obra de extremado cuidado creativo y fuerza expresiva portentosa.

Ya bajo la era cristiana, tanto la escultura románica, como la gótica generalmente aplicada a la arquitectura, sobresaldrán los trabajos ornamentales de capiteles y fachadas; sin embargo, no pretende copiar fielmente la naturaleza circundante, sino conceptuar la belleza de una manera abstracta y racional. Su objetivo será la funcionalidad para la comunicación y transmisión de ideas simbólicas o descriptivas de episodios evangélicos dirigidos a un pueblo analfabeto, convirtiéndose en auténticas Biblias pétreas.

Los personajes de la escultura gótica, en su creciente humanismo, abandonan las posturas verticales, hieráticas y simétricas de la románica, para adoptar apariencias cada vez más amaneradas y con gran sentido del movimiento e intentan mostrar las emociones del personaje. En la fase final, donde convive con las primeras manifestaciones de Renacimiento, predominan las esculturas de religiosos, reyes, aristócratas y burgueses.

Hasta aquí, encontramos una obra escultórica en momentos coludida a la arquitectura, cumpliendo una función ornamental, representativa de religiones, conmemorativa de sucesos victoriosos y del protagonismo de gobernantes; todas, sin excepción, serán entendidas y aceptadas como técnicas o artes manuales o vulgares, una etiqueta a la que se subordinarán durante el naciente modernismo para consolidarse como artes liberales que demandan del intelecto y el pensamiento libre, que posee, por tanto, principios estéticos que asignan al objeto un nivel distinto de interpretación; valores que prevalecen e identifican al objeto que hoy denominamos arte.

La escultura renacentista se liberará del marco arquitectónico, y los personajes mostrarán expresiones más dramáticas. Los temas serán el hombre y la naturaleza con un contenido religioso o profano (histórico, alegórico-mitológico); se retrata al individuo, y desaparece el sentido narrativo de la obra. La retórica de la belleza griega se hará presente, incluso se buscará superar.

Miguel Ángel, será el prototipo universal del escultor capaz de plasmar cualquier sentimiento, del lirismo al dramatismo, y exalta por igual la fuerza física y la espiritual que lo llevará a la idealización.

Escultura barroca fundada en el realismo, se aboca a representar la naturaleza tal y como supuestamente la percibimos, sin idealizarla, y lo hace mediante esquemas compositivos libres del geometrismo y la proporción equilibrada del Renacimiento. Busca el movimiento, se proyecta dinámicamente hacia afuera con líneas de tensión complejas, especialmente helicoidales sumadas una multiplicidad de planos y puntos de vista. Recurre a la redundancia de los ropajes, al contraste de texturas y superficies, todo lo cual cobra un papel dramático y decorativo. En su periodo tardío, el rococó, refleja pertinentemente la trivialidad de una sociedad ociosa y opulenta.

La escultura Neoclásica, aparecerá como una reacción contra la frivolidad del decorativismo barroco y rococó, inspirada en la tradición greco-romana, adopta principios de orden, claridad, austeridad y equilibrio, con un fondo moralizante. Destaca la sencillez, la tranquilidad y la belleza, particularmente en el desnudo y el retrato.

La escultura romántica se caracterizará por su funcionalidad, responde a encargos oficiales, al embellecimiento de edificios o la erección de monumentos conmemorativos. Comparte, con la pintura la expresión de las pasiones humanas de manera agitada, perdiéndose la quietud y mesura del característico periodo anterior.

La escultura durante el realismo francés fue escasa, algunas piezas de Honore Daumir hacen la excepción, quien describe y critica con entera precisión y sarcasmo a un gobierno selectivo y absolutista, así como a una sociedad parisina debatiéndose entre la pobreza y sus anhelos por la alta burguesía, Su piezas muestran el desapego por la academia, y las encontramos bastante cercanas a las tendencias impresionistas de la Francia moderna.

Si bien el impresionismo fue un movimiento eminentemente pictórico, Augusto Rodin será uno de los pocos escultores influidos por esta tendencia; y aun cuando se diga que intentó plasmar en los volúmenes las vibraciones lumínicas por medio de superficies rugosas y la multiplicación de ángulos y cueste trabajo aceptarlo; lo cierto es que con sus acabados pastosos e irregulares logra su ruptura definitiva con la academia tradicionalista.

La escultura constructivista, sin igual en su momento e indiscutiblemente innovadora, emanada de la Rusia postrevolucionaria, sus autores darán prioridad a la dinámica del espacio escultórico sobre lo estático de la masa y se proponían con ella crear un arte anti-burgués, antiacadémico y anti-imitativo que permitiera al nuevo hombre, que estaba surgiendo de la revolución, una revelación de la vida auténtica. Sus aportaciones al arte universal fueron incomprendidas y desestimadas por el propio régimen y la historia occidental se encargará de mantenerlas en el olvido.

La escultura expresionista poco explorada, buscaba, al igual que los pintores, mostrar la realidad en su crudeza, expresar la impotencia y el sufrimiento provocado por las circunstancias de las guerras. Una obra de trazos fuertes y abruptos, en donde la belleza tenía poca cabida en su planteamiento.

La escultura cubista, bajo la misma óptica de la pintura replanteándose el sentido y percepción de realidad, se caracterizará por la intersección de planos y volúmenes y la descomposición de las formas. El cubismo considera que tanto la masa como el vacío funcionan igual como elementos escultóricos.

Los escasos escultores futuristas, en la búsqueda de incorporar los mismos principios que rigen la pintura, específicamente la representación del movimiento; persiguen que los planos se desarrollen en el espacio, logrando la simulación del dinamismo; su producción es limitada, sin embargo, alcanzan en cierta forma su objetivo.

El sarcasmo del dadaísmo revivido en Norteamérica por Marcel Duchamp, Francis Picabia y Man Ray, fructificará en una obra críptica de difícil comprensión para la mayoría de las personas, pero que ponía en jaque el tradicionalismo del arte que únicamente emociona como meta, y será uno de los grandes precedentes del arte que veremos en la postmodernidad.

Aun cuando la escultura surrealista estaba totalmente invisibilizada por la pintura, varios de sus exponentes principales se dieron tiempo para realizar piezas con ideas derivadas supuestamente del subconsciente, empleando para ello materiales diversos, incluso absurdos, para recrear ese mundo onírico o paradójico.

Las consecuencias de la Segunda gran conflagración llevará a un reordenamiento mundial, de la Europa en ruinas se levantaran artistas proponiendo un arte alejado de las vanguardias, los escasos escultores al igual que los pintores se darán a la tarea de proponer un arte nuevo y si bien la pintura reflejará la crisis social y la cura de las heridas, en la escultura, denominada también informalista, aparecerán otras preocupaciones más afines a la estética.

En la Norteamérica empoderada por el triunfo bélico, su posicionamiento en el mundo y nueva capital de la cultura universal, en plena fiebre plástica expresionista, aparece tímidamente la escultura abstracta; sin embargo, la fuerza de la síntesis o el acúmulo de elementos personalizarán sus propuestas logrando su reconocimiento.

El arte pop de origen inglés se posicionará en los Estados Unidos, la representación del camino de vida americano será reinterpretada también en la escultura, Claus Oldenburg, además, se alejará del material tradicional, abriendo una puerta al campo que parecía impenetrable del componente escultórico.

En la búsqueda de la fidelidad y del realismo en su expresión máxima, el artista recurre a la reproducción de la imagen fotográfica y obtiene representaciones pictóricas perfectas, frías e inmutables; ese mismo principio motivará al escultor a proponer un arte hiperrealista; así, Duane Hanson, reproduce mediante el vaciado de fibra de vidrio y resinas poliéster personajes a tamaño natural sacados de las clases trabajadoras y George Segal, vacía en yeso a sus modelos clasemedieros.

La escultura cinética aparece de la mano del arte óptico, ambos fundados en la estética del dinamismo; pero mientras éste último, bidimensional, creaba movimiento a partir de ilusiones ópticas, el primero, tridimensional, lo reproduce mediante los componentes móviles de las obras o cualquier otro elemento como el viento, el agua, la luz, el magnetismo, los motores, etc.; renunciando así a lo estático de la escultura tradicional y postulando lo cinético como forma básica de percepción del tiempo real.

La década convulsa de los 60 dará pie a una serie de cambios sociales, políticos y económicos que afectarán, por consecuencia también al arte, el que se caracterizará en los siguientes periodos por un desapego total a todo lo establecido. Rosalind Krauss refiere al respecto en su ensayo *La escultura en el campo expandido*, (1979)[62], que los géneros como la escultura han sido alterados, dilatados, retorcidos, en una forma en que la materia puede expandirse e incluir cualquier elemento para su concepción, sin que por ello deje de ser escultura.

Así, puede verse en la escultura minimalista, que si bien hay una reducción en las formas, la simplicidad de ésta, no equivale a la simplicidad de la experiencia; su valor cardinal será la objetualidad, el ser un objeto físico orientado en el espacio, validando únicamente las propiedades de sus materiales y la experiencia visual del espacio, específicamente su habitabilidad, la que puede ser en cualquier lugar (el piso, el rincón, el muro, o pender de un hilo, etc.). La escultura retaba a la tradicionalidad, comenzaba su liberación; incluso, en la producción, ya que esta podría ser realizada por un tercero.

El cambio gestado en el arte tomará rumbos insospechados, el uso de materiales extravagantes, flexibles e informes, capaces de provocar una respuesta sensitiva en el espectador, reivindicaban al arte como una expresión vital. Lucy Lippard (2004)[63] denominará a esta tendencia Abstracción excéntrica; expresiones que encontraba unida a una dosis de humor, nihilismo y de incongruencia discursiva; en franca oposición a la geometría fría y estéril del minimalismo.

En la carrera por la desmaterialización iniciada en el minimalismo, durante el process art o antiarte, el objeto como fin del arte será puesto en cuestión otorgándosele más relevancia al proceso y al azar; aunque finalmente el resultado sería un objeto, que al ser codiciado por el mercado y vuelto mercancía, revertirá su intención liberadora.

Ese distanciarse del mercado lo llevará también a alejarse de los museos y galerías y a utilizar como soporte a la naturaleza, esta será, además, quien proveerá el material para la realización del ejercicio. Para el *land art*, la fotografía y el film serán testigos y memorias con las que se retornará a los centros de exposición para ser mostrados, consumidos y coleccionados; un giro que de nueva cuenta desvirtuaba las intenciones iniciales del artista.

La sociedad marchaba aceleradamente en un desarrollo dudoso, continuaba padeciendo las mismas calamidades, las diferencias se disfrazaban con el consumismo propiciado por la

---

[62] _Krauss, Rosalind (1979). *La escultura en el campo expandido*, editorial Paidós: Barcelona.

[63] _Lippard, Lucy (2004). *Seis días- La desmaterialización del objeto artístico*, Editorial Akal: Barcelona.

voracidad capitalista, coludida esta con el propio régimen. El artista cuestionaba, ponía en duda todo lo establecido, Fluxus será una tendencia saturada de irreverencia y sarcasmo que ponía en tela de juicio a una sociedad cegada y muda. Sus objetos, los menos, pues su fortaleza era la acción, serán testigos y remedo de la irracionalidad social.

El arte de acción se hacía protagónico, el *body art* su herramienta, el cuerpo su soporte. Las acciones performáticas cuestionaban los disparates del sistema, pero también liberaba mitos, señalaba practicas dogmáticas obtusas, e igualmente el cuerpo como objeto era mostrado y ofrecido; el video, la fotografías serán memorias de esa osadía, hoy también productos del mercado.

Al igual que la experiencia norteamericana de la abstracción excéntrica, los italianos con el arte povera revitalizarán sus piezas con materiales pobres, carentes de valor (como paja, ramas, hojarascas, piedras, arena, metal, vidrio, etc.), en un intento por cuestionar la comercialización, buscando provocar una reflexión mediante la manipulación del material y la observación de sus cualidades específicas, entre el objeto y su forma.

La aventura de la desmaterialización del arte concluirá con el Conceptualismo, donde lo más importante de la obra sería la idea, el concepto, más que el objeto o su representación tangible y que, paradójicamente, requería del objeto, la fotografía, el texto, el vídeo, entre otros elementos, para representarse o explicarse.

Como todo ciclo al concluir da inicio a otro, así lo constatamos con la reducción de la forma, la liberación de materiales, la relevancia del proceso, hasta la preeminencia de la idea; la rematerialización sería la consecuencia a seguir, y ahí emergerá de nuevo el protagonismo de la imagen, pero esta vez apropiada (apropiacionismo) y de los objetos dando lugar a una tendencia conocida como postapropiacionismo o simulación, aquí el objeto no sería valorado por sus cualidades intrínsecas o por sus significados sino por su apariencia, en un intento por reproducir el poder de seducción que el objeto de consumo ejerce sobre el público.

Se abren paso las tendencias neo, la plástica saca provecho de ello (el neo expresionismo, el neo-geo, la transvanguardia, etc.) y la escultura, si bien no define una línea en particular, retoma del pasado lo que considera pertinente y lo vuelca en una producción ecléctica que se asocia comúnmente a otras disciplinas.

Concluiría resumiendo, que la presencia física de la escultura clásica con un repertorio selecto y limitado de materiales (piedra, metal y madera) de predominio antropomórfico, donde el ser humano será figura central, creadas con un fin determinado como el monumento para dotar de significado un lugar, conmemorar algo o con un fin intimista complaciente; en el cierre del siglo XIX comienza distanciarse de la lógica del monolito que conmemora, Rodin con "Las puertas del infierno" lo ejemplifica; las vanguardias modernistas lo manifiestan también, le ponen fin a los mitos heroicos, rompe con la cadena temática del cuerpo humano, y ya en la posmodernidad, la escultura que había dejado de lidiar con la rigidez de sus componentes tradicionales, no sólo se había sublevado a ellos, se había diversificado tanto que en esa aparente dilución o expansión de acuerdo a Rosalind Krauss (*Ibíd.*, 1997), se niega la masa, el contorno y se liberan los limites; la preocupación por la trascendencia desaparece, lo efímero adquiere valor y protagonismo; cambia el tallar, amasar, cincelar o soldar por el construir, armar, fabricar, aglomerar, recoger; es decir, se construye, se aglutina o se emplaza. Se trabaja en base al concepto, no a la materialidad, se piensa la idea para que otros la ejecuten. El espacio adquiere significado, el pedestal que monumentaliza es desplazado por los muros, el piso, los rincones, se cuelgan las piezas o estas invaden todo.

Hoy la escultura liberada de la tradicionalidad, no de la tridimensionalidad ni del hecho de ocupar un lugar en el espacio y éste asumirse como complemento de ella, transita libre, sin obstáculos, diversificándose en la interdisciplina, imponiéndose como estructuras axiomáticas o apenas mostrándose para que el peso del concepto las justifique.

La escultura contemporánea o posmoderna deja de estar en el limbo de la instalación para posicionarse en ella, traspasarla y redimensionarse en otras posibilidades expresivas.

Pintura Expandida (II)
(El artista emergente ante el dilema de la postmodernidad)[64]

El arte en su proceso evolutivo se ha liberado de normas, que si bien funcionaron en el pasado dejaron de tener sentido en el presente, odisea que se hizo con tal prisa y libertad que hoy resulta imposible delimitarlas. La pintura en su caso ha recorrido un largo trecho, incluso, se ha vaticinado su muerte en múltiples ocasiones, y en su paso por la modernidad, la hemos visto liberarse de la analogía con la naturaleza (el Cubismo), de la figura como eje envolvente (la Abstracción), incluso, del color en su rigor imitativo (el Fovismo), y resurgir en la postmodernidad para validarse únicamente en el peso del pigmento y el soporte (*Support Surface*), y por supuesto, seguirse repitiendo incansablemente en la figuración y la abstracción en sus infinitas variedades. No obstante, hoy exige también de esa libertad para discurrir por otros derroteros hacia campos más amplios enriquecidos de alianzas interdisciplinares, en donde el concepto se convierte en punto nodal preponderante.

Los ejemplos aquí presentes son el resultado de la investigación que mis alumnos del cuarto semestre que cursan la Licenciatura en Artes Plásticas (término, este último, por cierto, ampliamente superado) en la Facultad de Artes de la UABC en Tijuana, específicamente de la asignatura "Pintura y concepto", en la cual los ejercicios se desarrollan partiendo de conceptos, la indagación de sus significados y todas las implicaciones del mismo, así como los antecedentes y el estado de la cuestión relacionados artísticamente con el tema; lo cual el alumno sintetiza y propone elementos para crear una obra sin que tenga que partir de la representación del objeto o la imagen como convencionalmente se ha realizado. En otras palabras, se aleja del remedo y enfatiza en el concepto como anclaje para sus derivaciones.

Emplea para su desarrollo todo lo que considera pertinente y en conclusión llega a una obra plástica coludida con otras disciplinas,

---

[64] Texto para el suplemento cultural Solar, IMAC, Mexicali

explorando y expandiendo, de esa manera, su producción hacia otros campos de acción.

Ángeles Rojas (Tijuana, B. C., 1994), propone el concepto de la deshumanización, (*Deshumanización II*, 2015) busca en su definición y en todo lo aledaño al tema, y de ese amplio tópico decide desarrollarlo desde nuestra condición inhumana (o tal vez muy humana) del mal trato animal. Su propuesta final la presenta como un acto performático[65] que titula *Vestido de animales,* e inicia con el cuerpo yacente de un cerdo hecho con el cuero del animal y la cabeza de cerámica, del que sale, sin mucha dificultad, de su interior un personaje contorneándose como una metáfora del animal que todos llevamos dentro (bajo una atmósfera nada melodiosa de chillidos de cerdos al ser sacrificados). Queda de esa acción una piel extendida en cuya cara interna, a manera de un reloj, la autora pinta los pasos del acto sanguinario de cómo son matados y descuartizados estos animales, aunque en su caso a quien desmiembran es a otro ser humano. Una obra que invita a replantear métodos de cómo son liquidados estos animales y conmina a la empatía con todo ser viviente; que, al igual, que el trabajo anterior, la pintura está presente sobre un soporte poco convencional; no obstante, el peso de la obra lo hace descansar en el concepto.

Marilyn Martínez (Mazatlán, Sin., 1993), indaga sobre el individuo en el poder y su descomunal fuerza trastocada (*Fuerza omnipresente*, 2015) y ejemplifica, con la imagen de Adolfo Hitler transformada, maquillada y ridiculizada, portando un uniforme en cuya manga trae cosido en vez de suástica, un emblema lésbico/gay. Un tirano que emerge de entre mariposas en una escena que suaviza la imagen de tal forma que oculta la perversidad de una mente y un régimen radical y sanguinario; evocado, quizá, únicamente en el círculo carmesí de fondo que por la implicación psicológica del color y su connotación de violencia invita a rememorar el Holocausto. Obra con la que plantea que, si este individuo hubiese sido judío, negro, comunista u homosexual, condiciones que tanto aborreció al grado de propiciar su exterminio, la historia, seguramente se hubiese bifurcado hacia otros rumbos.

Una obra paradójica que ofrece múltiples lecturas, que abierta a las interpretaciones puede, incluso, ser controversiales; que obliga a la reflexión desde cualquier bando y que, si bien la imagen es contundente, el concepto sigue siendo dominante.

---

[65] Puede consultarse en https://www.youtube.com/watch?v=Ci2jvDbjFUg

El trabajo colaborativo (*Canibalismo*, 2016) entre Nickthe León (Los Mochis, Sin., 1996), Aranza Méndez (México, DF, 1995), Danya Ayllón (Tijuana, B. C., 1995) y Fabiola Beltrán (Tijuana, B. C., 1996), deriva de la idea del consumo de carne humana. Durante sus pesquisas sobre el tema determinan exponerlo tanto como una condición cultural (que podría ser el mayor número de los casos), como un momento de necesidad orillado por la sobrevivencia. Abordan el tema de forma sarcástica y ejemplifican la condición social a manera de un supermercado o alacena casera, donde exhiben o guardan alimentos enlatados de consumo común y apropiándose marcas conocidas replantean el producto ofrecido; por ejemplo, en las latas de atún Dolores, modifican la etiqueta original y en vez de atún muestran una cucharada de sesos con la leyenda: *Cerebro humano en agua*; lo harán igual en otros productos como *Ojos en escabeche*, mostrados en un suculento plato o *Chili con carne* (por supuesto humana).

En la ejemplificación del canibalismo como asunto de sobrevivencia lo resuelven con una caja roja contra incendios instalando en su interior, en vez de extinguidor, una pantorrilla humana y en su puerta de cristal la leyenda caustica *Cómase en caso de emergencia*. Complementan la idea con un cartel similar a los colocados en las carnicerías que muestran las partes consumibles de la res y que, en su caso, es un cuerpo humano resaltando las partes supuestamente más apetitosas del mismo. Una obra que plantea un tema, en cierta forma tabú, como una parodia mordaz y que en su representación se explaya hasta otros campos liberando a la pintura del rigor bidimensional.

Diana Hirata (Tijuana, B. C., 1994), se propone materializar la experiencia virtual (intangible) creando un libro que titula *Durcas's Journal* (2016), a manera de una bitácora del tiempo empleado en el videojuego "Fire Emblem Awakening", en donde Durcas es su avatar, que acompaña con mapas del continente ficticio de Ylisse. La pieza es un libro encuadernado por ella, forrado con vinil y su interior de hojas de papel reciclado hechas exprofeso para el proyecto. Una obra que bien puede verse como libro de artista, libro ilustrado, *comic* o historieta, que para el caso resultan lo mismo; sin embargo, la intención de materializar la experiencia virtual o contraponerse al Net-art en su inasibilidad, es el concepto que da pie a la experiencia.

Reubicar la pintura de nueva cuenta en el campo creativo (a sabiendas, se ha dicho insistentemente, de que jamás ha estado ausente) nos lleva a imaginarla en franco compromiso con otras disciplinas y en donde ésta, mantenga el hilo conductor como elemento que hilvana (pigmentos), explayándose éste sobre cualquier superficie siempre y cuando el concepto sea su columna vertebral, y aquí, la investigación que fundamenta y la reflexión posterior que consolida la idea, serán el pretexto que los separa de la simple formalidad representacional.

La pintura planteada desde esta premisa, se expande hasta los confines que al autor le interese, dando paso así, a obras afines a la realidad explosiva y controversial que nos caracteriza. El arte se justifica de cualquier manera como el reflejo fiel del contexto que lo ve nacer.

La abstracción ayer y hoy
(Un acercamiento para entender nuestra abstracción)[66]

La primera década del siglo XX marca el punto más alto de la potencia europea, el concepto de la superioridad del Viejo Continente, lo preside todo; una supremacía manifiesta a través del dominio tecnológico, intelectual, científico y su bien estructurada política colonialista. En el arte, las vanguardias históricas irrumpirán desafiantes para imponerse a la academia y a todo lo culturalmente establecido.

En las postrimerías del Impresionismo y el apogeo Postimpresionista en la década inicial del siglo, antes de la aparición del libro *De lo espiritual en el arte*, de Vassily Kandinsky publicado en 1912, en el que anuncia que la pintura evolucionará en el sentido abstracto, encontraremos las primeras manifestaciones de esta tendencia en los trabajos de autores tales como la pintora sueca Hilma af Klint (1862-1944), con una obra de gran formato, resuelta con elementos recurrentes, como círculos concéntricos, óvalos y espirales, y que parte de la base de una supuesta existencia de una dimensión espiritual, la que busca hacer visible en su pintura; así también se pueden observar las obras del lituano Mikalojus Konstantinas Ciurlionis como francas derivaciones estilísticas de la figuración; del belga Joseph Lacasse que dejan ver escarceos cubistas, así como las primeras obras no figurativas de Abraham Valkovitz que aun evocan la estructura geométrica del boceto representativo, y Francis Picabia del que emanan filtraciones de las presunciones matemáticas de Cézanne; incluso, pueden encontrarse obras abstractas en la producción de sus coetáneos estadounidenses Arthur Garfield Dove, cuyos títulos develan el fuerte arraigo figurativo y Max Weber, con una obra ligada reciamente a los influjos cubistas.

---

[66] Texto para la conferencia "Abstracción ayer y hoy", a propósito de la exposición Postabstracción de Roberto Rosique. CEART, Rosarito, B. C.

La búsqueda por superar el cubismo, que como tendencia novedosa había penetrado fuertemente la producción de sus contemporáneos, llevará a Robert y Sonia Delaunay a proponer en 1912 un arte con el cual eliminar los elementos figurativos y trabajar sólo con el color y la luz; un ejercicio que más tarde el poeta Apollinaire en 1913, denominará orfismo, definiéndolo como "el arte de pintar nuevas estructuras a partir de elementos que no han sido tomados prestados de la esfera visual, sino que han sido creados totalmente por el artista...", una apuesta que él llegó a considerar como arte puro.

Aparecerá en esa misma época el Rayonismo ruso con su enérgica carga abstracta planteada por Mijaíl Larionov y su esposa Natalia Gontcharova, un recurso que de manera parecida al futurismo italiano sumaba dinamismo a las obras. Expresiones de vida breve y poco impacto ante la preponderancia de la figuración y el replanteamiento de la percepción de la realidad que imponía el Cubismo. Sin embargo, comienza a perfilarse de manera determinante la abstracción geométrica, el florentino Alberto Magnelli, quien en 1915 empezó a eliminar todo pretexto figurativo en sus obras supliendo las formas corporales por elementos geométricos, constituyendo lo que llegaría a denominar "lienzos inventados" y el alemán Georg Muche, que explora la abstracción influido por Kandinsky y evoluciona hasta liberarla del rigor geométrico.

Otros ejemplos serían los collages geométricos, reminiscencias sin duda del cubismo analítico, creados a la limón entre Jean Arp y Sophie Taeuber, totalmente diferente a su rica producción tridimensional del primero, así como a los esplendidos bordados abstractos de su esposa Sophie Taeuber, cuyo reducido lenguaje compositivo de formas planas traslada hábilmente al campo practico del diseño textil.

Ya en el apogeo de la nueva esperanza socialista adquiere la abstracción particular importancia con el Suprematismo de Kasimir Malevitch y seguidores, en el que rechazaba el arte convencional buscando la pura sensibilidad a través de la abstracción geométrica y la representación del universo sin objetos. De ese contexto impregnado de liberación emergerá de forma paralela el Constructivismo, si bien la obra canónica de este movimiento fue la propuesta de Vladímir Tatlin para el Monumento a la Tercera Internacional (1919) que combinaba una estética de máquina con componentes dinámicos que celebraban la tecnología, como los reflectores y las pantallas de proyección, que aun cuando jamás fue construida, bien resultaba ser representativa de la abstracción en campos tridimensionales; sus relieves abstractos son otra derivación, al igual que las esculturas no figurativas innovadoras de Naum Gabo y su hermano Antoine Pevsner, precursoras de soportes no convencionales ligados a la industrialización; así como las pinturas esquemáticas ancladas al rigor geométrico de Lissitzky. Un periodo fructífero que daba muestras del total abandono de los cánones academicistas.

Mientras se gestaba la primera gran conflagración en Europa, reinaba en Italia el optimismo futurista de Marinetti, basado en la relevancia del progreso tecnológico y la consecuente velocidad como signo de vitalidad de la época; en esa búsqueda expresiva del dinamismo los autores extremaban las formas hasta llevarlas casi a la abstracción; por otro lado, en su cercanía y oposición con el cubismo sus pesquisas derivarán en la pretensiones por dinamizar a este último, forjando una alianza pasajera conocida como cubofuturismo, una expresión con un rico sustrato abstracto.

En ese periodo demoledor y catastrófico, desde la neutralidad de Zúrich se daba cobijo a todo pensamiento antibélico; la cultura como tal, ante esa barbarie, dejaba de tener sentido, el Dadaísmo fue la respuesta lógica, así, en su anarquía y nihilismo proponía un rechazo total a todo lo establecido. El progreso modernista era puesto en tela de juicio por la brutalidad guerrera. Sin embargo, su influencia se esparcirá hacia otras latitudes, Alemania adoptará algunas de sus disonancias político-sociales y en el caso de Kurt Schwitters (1887-1948), que trabajó principalmente el collage, realizará sus obras con objetos y desechos encontrados en la basura e inventando la palabra Merz como equivalente de dada para definirlas, un obra ensamble de categórica potencia abstracta. Lo mismo sucedería en Norteamérica con la llegada y participación de Marcel Duchamp que influido de la fiebre dadaísta y aun con rescoldos del futurismo y el cubismo, producirá una obra variada en la que su pintura, venida a menos por sus *ready mades*, reflejaban también los alcances de su inteligencia; los oleos abstractos "Transición de virgen a novia" (1912) y "La Novia", (1912) en particular, derivarán en "El gran vidrio" (1913-1923); una de las obras más complejas de la historia del arte, un gran enigma visual, en la que su significación queda abierta a la imaginación del propio espectador, cuyo reducto abstracto la complejiza más.

La abstracción geométrica encontraba en la segunda década del siglo, reacomodo en el Neoplasticismo Holandés resuelta mediante la síntesis cromática y estructuras elementales, con las que reivindican un proceso de abstracción progresiva en virtud del cual las formas se irían reduciendo a líneas rectas horizontales y verticales, y los colores al negro, blanco, gris y los tres primarios. Resultados que se enraizarán perfectamente en el diseño y la arquitectura, al igual que la escuela alemana de las Bauhaus en donde los estudios de la teoría del color propuestos por Johannes Itenn, influirán fuertemente en la abstracción de Joseph Albers y Anni Albers, precursores estos últimos, al igual que los constructivistas rusos del arte óptico.

Al cierre de la década de los veinte aparece el Unismo propuesto por el polaco Vladislav Strzeminski como una pintura absolutamente pura que encontraba en la abstracción y en el efecto espacial de los planos de color, su razón de ser. El arte Concreto formulado por Theo van Doesburg en la década de los treinta que propone formas y relaciones meramente geométricas, sin ninguna analogía con la realidad visible, que según los postulados publicados en *Art Concret*, tiene que ser preconcebida en la mente y ser realizada tan precisa, impersonal e inmaterialmente como sea posible. Aquí los presupuestos abstractos tangibles en las obras y las concepciones abstractas del pensamiento se sumaban en un ensamble poco visto en los abordajes figurativos.

Mientras en la Europa de la postguerra la Abstracción lírica con Georges Mathieu a la cabeza, perseguía la no autorrepresentación mediante una pintura asentada en lo aleatorio, la rapidez y carencia de todo gesto; muy cercana a ella aparecía el Tachismo personificado por Hans Hartung, Pierre Soulages, Jean Fautrier y Wolfgang Shulze "Wols", en el que prima el gesto, los brochazos y las manchas de color; expresiones que desembocarán en el Informalismo que más tarde tendrá, en lo matérico, excelentes representantes como Antoni Tápies y Alberto Burri. Las secuelas de la segunda gran conflagración eran más que evidentes en una Europa en ruinas, sus pintores abstractos reflejarían en sus obras la congoja, la pesadumbre de la barbarie humana. Una atmósfera densa cubría al viejo continente, el desaliento del progreso venido a desastre hacía difícil consolar la esperanza; las palabras de Adorno señalaban con exactitud ese desconsuelo: "Escribir poesía después de Auschwitz es un acto de barbarie.".

Al mismo tiempo en la Norteamérica victoriosa, se marcaba la pauta del reordenamiento mundial, el macabro resultado del progreso bélico en Europa se volvía la esperanza del ansiado camino de vida americano. Al poderío económico y militar había de sumarle, a decir de Serge Guilbaut, el robo cultural a la Europa cansada y derruida. La seguridad que ofrecía el paraíso americano daría cobijo a científicos, intelectuales y artistas los que contribuirían de la mano empresarial y el gobierno en la edificación de la superpotencia. En tanto en los suburbios neoyorquinos, se cocinaba y gestaban cambios, los influjos dadaístas dupchampnianos, el automatismo psíquico surrealista y los residuos del informalismo europeo se manifestarían fuertemente en la que sería considerada la primera expresión artística netamente norteamericana: el Expresionismo abstracto con todas sus derivaciones (la Pintura de acción y su accidente dirigido, los campos de color y el lirismo), del que emanarán artistas hoy emblemáticos como Jackson Pollock, Franz Kline, Robert Motherwel, Willem d' Kooning, Mark Rothko, Clyfford Still, Barnett Newman, entre otros más. Un movimiento que abrigado en el discurso sólido y complaciente de las plumas de Clement Greenberg y Harold Rosenberg, principalmente, así como el respaldo —sin cortapisa— del sistema, se hará posible la consolidación hacia la supremacía.

Con todo, será el momento culminante de la pintura formalista, el mundo plástico se volcará por esta tendencia y en los países desterrados de los consorcios hegemónicos lo remedarán creando sus versiones alimentadas de experiencias emanadas de sus propios contextos, el geometrismo brasileño, el venezolano y el uruguayo por igual, así como la generación de La Ruptura, son ejemplos, quizá, de entre los más recordados. Expresiones surgidas de la necesidad de apartarse de propuestas plásticas añejas sujetas a estatutos académicos, tomarán a destiempo presupuestos derivados de la abstracción, quedando de ese ejercicio un amplio muestrario de las potencialidades creativas de Latinoamérica y ejemplificando, también a cabalidad, una colonialidad disfrazada.

En los estertores de la Abstracción postpictórica y el Op art tomará su lugar protagónico el Minimalismo; aquí, será el último reducto vanguardista de la pintura de factura eminentemente abstracta, las diferentes formas estarán reducidas a estados mínimos de orden y complejidad desde el punto de vista morfológico y se estará más interesado por la totalidad de la obra que por las relaciones entre las partes singulares o por su ordenamiento composicional. La distancia con las tendencias venideras será marcada por la escultura reducida también al silencio geométrico y la frialdad de materiales industriales.

La desmaterialización del arte como punto de partida para el arte postmoderno inicia su ascenso y la pintura será relegada a términos ínfimos, para resurgir décadas después enfundada en una poca convincente originalidad: el hiperrealismo. La abstracción, por su parte, de nuevo estará presente alentando esta odisea, los grupos franceses BMPT Buscaron crear un arte sencillo suprimiendo la subjetividad y la expresividad a favor de sistemas prácticos como el empleo de patrones neutrales y repetitivos, en una aparente evasión de las bases históricas estéticas, y apostando al anonimato, como puede verse con los círculos centrales y únicos de Olivier Mosset y las piezas de Niele Toroni realizadas con un pincel número 50 colocando en cada 30 centímetros una pincelada del mismo color. Así también la veremos resurgir en el grupo *Support Surface,* quienes planteaban que el objeto de la pintura, es la propia pintura y en donde los cuadros expuestos sólo se producen beneficio a ellos mismos; no se trata, referían, ni de una vuelta a las fuentes, ni de la búsqueda de una pureza original, sino de la simple puesta en escena desnuda de los elementos pictóricos que constituyen el hecho pictórico. De ahí la neutralidad de las obras presentadas, su ausencia de lirismo y profundidad expresiva.

Al cierre del siglo veremos a la pintura buscar reinventarse con el recurso postapropiacionista de los neos. El Neo-geo (neo-geométricos) o neoabstracción, volverá la vista atrás para reivindicar el lenguaje artístico y las aportaciones que a lo largo del siglo XX habían hecho a la pintura autores como Mondrian, Malevitch, Newman y Rothko y las manifestaciones dinámicas del Op art, lo harán de forma grandilocuente con grandes formatos y el determinante sustrato mercantilista.

Una tendencia que parece repetirse en algunos autores de la Nueva Escuela de Leipzig, en las generaciones emergentes norteamericanas y en todos los espacios hegemónicos que sigue a pie juntilla los preceptos del mercado.

En este recorrido hecho de prisa sobre la abstracción como expresión pictórica, que la hemos visto circular sobre la ausencia narrativa, deslizarse al reduccionismo pictórico, enfatizar en los componentes del pigmento y el soporte, y regresar a sus principios bajo la anuencia del apropiacionismo, queda preguntarse: ¿Sigue vigente la abstracción en el arte actual?

En un viejo artículo de Peter Plagens (1981:12)[67] refería que "...el problema de la pintura, sobre todo del abstraccionismo, es que todas las posibles variantes han sido abordadas: lo ordenado y lo caótico, lo delgado y lo ancho, lo grande y lo pequeño, lo simple y lo

---

[67] Plagens, Peter (1981), la academia de lo malo, *Art in America*, Vol., 69 num. 9, NY.

complejo, el cuadrado y el círculo y que ya existen todos los modelos fundamentales representados por Mondrian, Pollock, Kline, Poussette-Dart.", algo que parecía determinante dejó de serlo cuando las propuestas a *posteriori* se encargaron de mostrar otras rutas. Comprendí entonces, que las infinitas posibilidades de construir dentro de la abstracción permiten, a cualquier comprometido en la búsqueda expresiva, crear su propio discurso plástico.

Un género que ha sido abordado de mil maneras, tal se ha dicho, que ha recurrido a lirismo explorado con amplitud por los informalistas dándole prioridad –entre otras cosas- a lo aleatorio, sumándole texturas hasta darle preferencia a la materia, al accidente dirigido, a los campos de color, a lo geométrico desde la rigidez constructivista y neoplasticismo, hasta la vitalidad y dinamismo implícita por los ópticos, y a la que incluiría la radical propuesta de Malevitch manifiesta en sus obras cuadrado negro sobre blanco y más específicamente, cuadrado blanco sobre fondo blanco, el epítome (desde mi perspectiva) que determinan un momento culminante de la pintura, cuya síntesis sólo podrá superarse con la ausencia de la pintura misma. La abstracción total, la supremacía de la nada.

La abstracción, una forma de expresión artística que ha prescindido de toda figuración y que propuso una nueva realidad distinta a la natural. Que basó su lenguaje visual de forma, color y líneas para crear una composición que puede existir con independencia de referencias visuales del mundo real; que se alejó de todo discurso narrativo volviéndola una expresión silenciosa que encuentra refugia sólo en lo emotivo; ¿Qué tiene hoy que decir? o ¿cómo podría abordarse?

En el campo expandido del arte, aludiendo al término empleado por Rosalind Krauss, la pintura abstracta para dejar de ser repetitiva, para aspirar a otras trascendencias, tendrá que replantearse desde sus bases, contraponiéndose al silencio narrativo, proporcionándole elementos que alimenten el discurso, que le provean pretextos para crear sus propias narrativas; deberá hacerlo propagándose hacia otros soportes, que arrope si es preciso lo tridimensional; que diversifique sus espacios donde se manifiesta, ya sean interiores o exteriores, que se integre a la naturaleza a lo urbano, en silencio o declarando lo que considere pertinente; que haga uso del color desde su síntesis sustractiva con la riqueza del pigmento y desde la síntesis aditiva con la multiplicidad de medios para reproducir la luz y fragmentarla.

La abstracción hoy, más allá de las emociones que tradicionalmente han provocado como obra fruto del gesto, la acción o el trazo equilibrado, tiene que brindarle al espectador otras experiencias en las que pueda plantearse sus propias interpretaciones y para ello, incluso tendría que aliarse a otras disciplinas. ¿Ustedes que opinan?

Arte y vida sin dicotomías
(La apuesta de Charles Linder)[68]

El arte contemporáneo diversificado por senderos inimaginables en el pasado, vanagloriándose de una libertad sin cortapisas, se construye bajo diversas premisas y líneas de acción, en ocasiones tan personales que hacen imposible su lectura o por lo menos la lectura de lo que el artista desea expresar, que en aras de esa libertad que pregona tampoco tendría por qué ser necesaria.

El arte hoy se refugia con cierta frecuencia en su propio hermetismo y se desliga también de comprometedoras traducciones. Desde la óptica del crítico, tal vez esta postura calza bien en esta independencia divulgada, pero como espectador las cosas tienen sus bemoles; éste quiere o exige comprender de qué trata el asunto y creo que en justicia merece la explicación y aun cuando habrá quien señale que el arte no tiene por qué explicarse, no comparto del todo esa justificación puesto que la razón de ser del arte mismo, tiempo atrás busca dejar de ser la marioneta que cumple caprichos del comprador y adorna muros como única razón de su existir.

Tan cuestionante es esto, como el arte que se extasía en su banalidad (lo que por cierto abunda). El reto del artista es difícil en la medida que su producción se aleja de estas dos condicionantes y no se doblega ante el facilismo de repetir historias cansinas.

El arte como parte de la vida suele ser lo común, pero el arte como vida o la vida como arte, no como un dilema, sino como una línea inseparable, a manera de un *continuum performance* es una ruta que puede hacer la diferencia con las formas convencionales de abordarlo. Este es el reto que asume Charles Linder (Pittsburgh, Pennsylvania, 1967) con su vida y el arte.

Darle la misma relevancia a la obra producida manualmente que al registro de imágenes construidas o simplemente fortuitas, que en el transitar de su vida el artista realiza, captura y preserva.

---

[68] Texto para la obra de Charles Linder a propósito de su exposición "Mudslinger" en la Casa del Túnel en Tijuana

Transformar un acto común en obra de arte, englobar, con la etiqueta de artística cualquier accionar de la vida, es el rotor en la producción de este autor. Y es la justificación, que a decir por el mismo, le da sentido a su condición de creador.

Su vida es el marco referencial, sus obras la bitácora y sus exposiciones un álbum autobiográfico en los que se explaya con una gran instalación de objetos, imágenes e ideas, crónicas todas de su pasado y probablemente ventana de su devenir.

La exposición MUDSLINGER (*desde entonces hasta ahora*), que se exhibió en La Casa del Túnel, es un muestrario de piezas entresacadas de exposiciones previas que dan una idea precisa de la pluralidad de su accionar creativo. Charles Linder es el autor (o reciclador) del carro-escultura: *Ghostang*, el Mustang blanco perforado a balazos, que se mostraba a la entrada del espacio cultural (prácticamente desde su apertura en el 2008), una pieza emblemática del artista, en su producción heterogénea.

El título de la muestra deriva de *Mudslinging* (insultos con lodo), que en el ámbito político se refiere al acto de vilipendiar al opositor de la contienda electoral y que desde el ámbito ontológico de Linder, *Mudslinging* hace alusión al rastro o salpicaduras de lodo en la ropa (particularmente sobre la espalda del ciclista) que deja la rueda de una bicicleta cuando se viaja con ella en un día lluvioso (actividad que realizó el artista en el pasado), y que en un nivel más metafórico, expresa el mismo Charles Linder, que el título también hace referencia a la rueda de relaciones superpuestas, las experiencias y los acontecimientos que han marcado su vida.

Las fotografías de Linder, no persiguen construir irrealidades, son memoria, aunque bien podríamos aceptar que son ficciones como planteara Fontcuberta, que se presentan como verdaderas.
Imágenes que rebasan la complejidad para recrearse de su propia simpleza, que dan cuenta de un momento cualquiera del autor o refuerzan la historia del origen de sus objetos de arte. Aun en la apariencia fortuita de algunas, esconden o traslucen historias que en ocasiones adereza con anécdotas o frases que rayan en el sarcasmo, en un juego de sentidos y contrasentidos.

Las pinturas ocupan un espacio en silencio, parecen mostrar únicamente que el objeto de la pintura, es la propia pintura que sólo produce beneficios a ella misma. Obras cuyo pigmento aprisionado tras una dura y transparente placa de resina epóxica, la que exalta su cromatismo, hace que las pringas o el chorreado de un accidente dirigido adquieran dramatismo o se extasíen en la pureza del color.

La irreverencia de una ciudadanía que parece no conforme

con las reglas establecidas, desata su ira (su inexperiencia o estupidez) balaceando las señales de tránsito. Un acto, la mas de las veces, clandestino que parece proporcionarle desfogue de frustraciones o por lo menos placer al ejecutor. Linder, fotografía esos letreros perforados o los colecciona para luego mostrarlos como obras de arte, colgadas al muro o colocados desordenadamente en el piso a manera de una instalación como prueba del cansancio de la realidad social colmada de normas. Reglas que aparentemente se acatan sin objetar, hasta que en su oportunidad, se descarga en la ilegalidad una pistola, un rifle o una ametralladora, sobre esa señal solitaria, cuyo pecado (cual sacerdote) se absuelve a balazos.

Sus objetos/esculturas recicladas, monocromáticas (cromadas), intervenidas por la fuerza brutal de balas que las perforan marcándolas como improntas de violencia. El autor incrementa la fatalidad o la suaviza, al iluminar su interior como lámparas de mesa en un acto trágico, lúdico o decoracionista. Las piezas laceradas por los proyectiles encaran un drama entre la violencia y el agrado. El arte es así, puede fincarse en esas paradojas; sin embargo, la vida por igual, tiene sentido en su propio contrasentido.

La extensión y alcances de sus piezas van de la mano con su experiencia de vida (artista, escritor, fotógrafo, videasta, hombre común y cazador no furtivo). De su accionar cotidiano entresaca imágenes y objetos, con estos últimos confirma su afición por la actividad cinegética. De sus piezas taxidérmicas quedan cabezas de mamíferos a las que recubre parcialmente con cintas coloridas o adosa cables (como el caso de la cabeza de jabalí que exhibe en esta muestra a la que introduce unos cables eléctricos por las fosas nasales), le agrega botellas, binoculares u otros objetos, titulándolas "*Taxidermia alterada*".

Piezas polémicas, que por un lado descubren una veta del escenario común en que se desenvuelve el autor y en ese sentido hay consonancia con su propuesta de arte igual a vida y por otra, la desgarradora realidad del trofeo de caza, de la insensibilidad del hombre ejemplificada con estas piezas que ponen de manifiesto su hegemonía ante la naturaleza.

Quiero ver en estas piezas, rabiosamente crueles, probablemente una representación manipulada de lo real, tal vez como una forma de interrogarnos o interpelarnos sobre nuestro accionar intransigente.

La vida de Charles Linder revelada en un arte cuyas líneas de acción (diversas), como tantas bifurcaciones puede procurar la vida, la ofrece para que la coloques en el rincón que a tu consciencia convenga. Siendo así, probablemente sea pertinente respondernos las preguntas que el propio autor propone:

¿Es esta una obra de ficción dramatizada o es una autobiografía elaborada... o un poco de ambas?

Y tal vez, con la respuesta instalada en el plano consciente, se devele una justificación más de la razón de ser del arte contemporáneo.

Arte y (Post) pornografía
(*Una nota aclaratoria*)[69]

¿Quién establece los cánones para decir que la imagen de una
mujer, un hombre o ambos, semidesnudos o desnudos,
copulando o no, es pornográfica o artística? R.R.

Me parece pertinente señalar que el punto de partida de esta
ponencia no tendría razón de ser si no clarifica que el concepto
de sexualidad no se reduce a relaciones coitales, que ésta, incluye
atenciones, comunicación, detalles, escarceos y demás expresiones
de la sensibilidad y porque no, del amor, en las que se hacen presente
las relaciones eróticas; esenciales para el sostenimiento profundo del
desarrollo psicoafectivo, pilar imprescindible para una sociedad sana
e incluyente.

La historia de las representaciones eróticas se remonta a la
antigüedad misma del hombre, aun cuando unos de sus primeros
indicios aparecieron entre las ruinas de la ciudad de Pompeya,
sepultada por la erupción del Vesubio en el siglo I antes de esta era.
Estas imágenes de genitales y prácticas sexuales que sus
descubridores del siglo XVIII deciden etiquetar de pornográficas,
(término, si bien conformado por raíces griegas, cuya traducción
literal sería: descripción o ilustración de las prostitutas o de la
prostitución, fue un cultismo usado por el historiador Carlos Otfrido
Müller para etiquetarlas de alguna manera), una palabra que jamás se
empleó en la antigua Grecia. Sin embargo, resultó una expresión
adecuada en este periodo de la Ilustración y el neoclásico, en donde
la prostitución, aunque en boga, ya era sinónimo de perversión, lastre
social y pecado. Este conjunto de imágenes (frescos, mosaicos y
esculturas), privadas y públicas dispersas por toda la ciudad romana
representando prácticas corporales, provocó el debate acerca de la

---

[69] Texto para la conferencia introductoria a las mesas de análisis Arte y pornografía,
Facultad de Artes UABC, Tijuana

posibilidad de ser mostradas a la comunidad en general. Finalmente deciden ocultar al mundo su existencia y resguardarlas como una colección secreta en el Museo Borbónico de Nápoles, conocido también como el Museo Secreto. Museo en el que opera —escribe la filósofa feminista Beatriz Preciado[70]— "una segregación política de la mirada en términos de género, de clase y de edad", pues sólo los hombres aristócratas podían acceder a él, no así las mujeres, los niños ni las clases populares".

Desde su origen la palabra pornografía y su aplicación nace estigmatizada, (no hay que olvidar que forma parte del sistema que llegó a vincular exclusivamente al sexo con la reproducción de la imagen y que a consecuencia de esta relación, limitó cualquier manifestación sexual encaminada al placer y no a la perpetuación de la especie); cuyo rechazo, mal argumentado y manipulado por sectores radicales de la cultura occidental, se fue convirtiendo, con el paso del tiempo, en sinónimo de indecencia, perversión y pecado.

Las voces conservadoras han señalado a la pornografía de perversión, como una muestra de obscenidad y degradación de la condición humana. En relación a esta apreciación, Néstor Braunstein[71], doctor en medicina y psicoanalista, consideró que "la (verdadera) perversión consiste en creer que el único goce que existe es el fálico".

La Asociación Americana de Psiquiatría eliminó en 1987 el término *«perversión»* de la terminología psiquiátrica mundial, para categorizarlo como *«parafilias»*, condición que bien puede definirse como todo estado donde la excitación y gratificación sexual de la persona dependen exclusivamente de una fantasía recurrente. En la actualidad se han tipificado más de un centenar de parafilias y seguramente continuarán en aumento en tanto se devele un poco más la complejidad humana; al grado quizá, que llegará a ser engorroso clasificarlas o tal vez innecesario sobre todo si las consideraciones acerca del comportamiento calificado de parafílico depende, como se ha corroborado, de las convenciones sociales imperantes en un

---

[70] Preciado, Beatriz (2009) "*Museo, basura urbana y pornografía*" Consultado en la Red, desde: http://www.arteleku.net/zehar/wp-content/uploads/2009/01/preciado_es.pdf

[71] Mencionado por Roció Sánchez (2012) *Pornografía alternativa Una visión feminista del sexo.* Consultado en la red, desde: http://www.jornada.unam.mx/2012/09/06/ls-central.html

momento y lugar determinados. Las variaciones sexuales sólo significan eso, otro tipo de prácticas sexuales, menos comunes pero no por ello nocivas.

De ahí que sigan preguntándose ¿existen límites?

El psiquiatra Judd Marmor (2003)[72] a quien debemos la supresión de la homosexualidad de la lista oficial de trastornos clínicos de la Asociación Psiquiátrica antes referida, declaró que: "En nuestra cultura, un factor determinante entre lo sano y lo malsano en comportamiento sexual, lo constituye el hecho de si dicha conducta fue motivada por sentimientos de amor o si sólo fue un vehículo para la liberación de la ansiedad, hostilidad o culpa".

Estas palabras probablemente responda la incógnita de los límites que para muchos circunscriben las variaciones sexuales; no obstante, hay otros criterios de aceptación que implican que estas prácticas deben realizarse bajo consentimiento mutuo, que no resulten nocivas para los participantes y deban realizarse fuera del alcance visual de otros; al trasgredirse estos límites serán catalogadas de patológicas o anormales. Con todo, y en la laxitud de ciertos criterios antes inamovibles, aún se pueden observar etiquetas que responden a códigos férreamente establecidos y que exigían ser replanteadas desde parámetros mucho más liberales, sustentados en las reglas de la propia naturaleza y no el razonamiento modernista obsoleto que aún mantiene el tiempo detenido en normas paternalistas que benefician insultantemente a los grupos de poder que por centurias han dominado la cultura occidental.

Los empeños conservadores no desisten en imponer sus razones. Estudios realizados en universidades prestigiadas, generalmente subsidiadas por élites políticas, empresariales y religiosas, afirman las consecuencias nocivas que la pornografía acarrea a la sociedad. Mientras que otros estudios derivados de universidades más liberales e investigaciones independientes, radicalmente las contradicen.

Otras fracciones de la sociedad, generalmente intelectuales, como es el caso del escritor Salman Rushdie, que defiende la pornografía como indicador de la libertad de expresión; insiste, que una sociedad libre y civilizada debe ser juzgada en función de su disposición a aceptar la pornografía.

---

[72] Judd Marmor, clave en una nueva forma de ver la homosexualidad. Necrológica: NECROLÓGICA, *El País*. Consultado en le red, desde:
http://elpais.com/diario/2003/12/21/agenda/1071961203_850215.html

Por otro lado, algunos sectores feministas contribuyen al rechazo de la pornografía por considerarla sinónimo de abuso y menosprecio a la mujer, pues las degrada al utilizarlas como objetos sexuales para el disfrute masculino, que por su esencia heterosexista, se vuelve un medio privilegiado de la violencia hecha a las mujeres y que, por esa razón, debe ser prohibida. Hay sin embargo otro sector para quienes la pornografía, precisamente en virtud de su estatus de medio privilegiado, a través del cual cierta verdad del sexo es producida y difundida, constituye un desafío de subversión de las normas sexuales (Dorlin, 2009:113)[73]. De ahí que censurar o limitar la pornografía conduce a una mayor represión por parte de los conservadores. Por lo que proponen, la educación sexual y la producción de imágenes pornográficas alternativas definidas por las propias mujeres como medio para recobrar la sexualidad de las mujeres.

En ese sentido los cambios deberían corresponder también el hombre y asumir esa responsabilidad. Como bien dice el investigador Ariel Martínez (2010)[74]: "Los varones debemos desnaturalizar nuestras identidades y lanzarnos en la búsqueda de masculinidades alternativas más justas y equitativas".

El arte, por su lado, en su diversidad ha logrado el derecho a que su libertad sea figuradamente respetada, en ocasiones porque resulta una careta que conviene a los monopolios que lo contiene y estimula y otras, porque resulta imposible controlarlo. Así pues, blandiendo consignas de libertad brotan posturas contestatarias y desmitificadoras que poco a poco, aun cuando muchas de ellas, serán reblandecidas y absorbidas por el propio sistema al que cuestionan, van abriendo un camino. No en balde las imágenes pornográficas han sido motivo de colecciones, ejemplo de ello es el depósito porno del Museo Británico, uno de los más impresionantes acervos de la pornografía, que aun cuando no se consideran aptas para el público; el museo está obligado a preservar las piezas culturales –aunque éstas resulten ofensivas–. Seguramente, conformen muden los tiempos y se modifiquen los estándares, las obras serán mostradas al público.

---

[73] _Dorlin, Elsa (2009) *Sexo, género y sexualidades. Introducción a la teoría feminista*. Nueva Visión: Buenos Aires.

[74] _Martínez, Ariel (2010) *La pornografía a debate. Notas sobre sexualidad e identidad de género en los argumentos feministas*. Consultado en la Red, desde: http://www.revistas.uchile.cl/index.php/NO/article/viewFile/15155/15571

todo, el arte por su propia condición libertaria, trasgrede las normas; se puede constatar también en lo sexual, erótico o pornográfico, los ejemplos abundan en número y elocuencia:

Desde las expresiones consideradas eróticas, egipcias, grecorromanas, prehispánicas, hindúes y orientales, medievales o renacentistas con todos sus magníficos exponentes, hasta el neoclásico del siglo XVIII en que aparece la etiqueta de pornográfico y de ahí a la fecha, en ese trance histórico desfilan nombres ya emblemáticos del arte cuya línea (si es que existe) entre erotismo y pornografía no fue restrictiva para la creación de una obra facunda y atrevida; el hombre mismo les destina un lugar en la historia de las alternativas: Giulio Romano, Marcantonio Raimondi, Agostino Carracci Ukiyo-e, *Shunga,* Rembrandt, Rubens, Velázquez, François Boucher, Thomas Rowlandson, Henri Fuseli, Peter Fendi, Toulouse-Lautrec, Courbet, Mihaily von Zichy, Egon Schiele, George Grosz, Picasso, Hans Bellmer, Balthus, Dalí, Robert Mapplethorpe, Cosey Fanni Tutti, Valie Export, Carolee Schneeman, Rudolf Schwarzkogler, Lucian Freud, Elmer Batters, Tania Bruguera, Tom of Finland, Madeleine Berkhemer, Wink van Kempen, Thomas Ruff, Monica Cook, Jake and Dinos Chapman, Natacha Merritts, Nobuyoshi Araki, Joan Semmel, Tee A. Corinne, Jeffery Scott, Santiago Sierra y una dilatada lista de artistas emergentes, muchos de ellos chinos, que sin duda darán que hablar en el futuro.

Este inventario de nombres, sumando a los ausentes, no es que hayan estado o estén equivocados en sus posturas sexuales, es el sistema que los estigmatiza, los rechaza y los arropa con cinismo, con esa doble moral que siempre lo ha fortalecido. De ahí la nebulosa y la aparente tímida claridad en torno al tema.

Beatriz Preciado[75], plantea qué una historiografía crítica debería incluir la pornografía en su análisis de los modos culturales a través de los que se construyen los límites de lo socialmente visible y con ellos, los placeres y las subjetividades sexuales normales y patológicas.

La respuesta se avizora en los planteamientos surgidos en esta postmodernidad ya imperante, en donde le arte se vuelve protagonista (cómplice y actor) de ese replanteamiento que busca romper con el discurso de la pornografía tradicional, del abuso que se hace de ella como mercancía lucrativa y de la necesidad de su

---

[75] *Ibídem*

visibilidad desde la óptica femenina, así como su inclusión en los procesos formativos del individuo.

Asistimos, escribe la autora antes referida, a una saturación pornográfica (en la representación, en los modos de consumo y distribución de la imagen) y, sin embargo, esta saturación viene acompañada por una rigurosa opacidad discursiva[76].

La aceptación de lo erótico en el arte suele estar supeditado a condicionantes sensacionalistas en donde la perfección del cuerpo debe ser norma, tal como es enarbolada por los cánones novedosos de la moda y si quien aborda el tema es mujer, este se reduce a aquellos aspectos del sexo y de la sexualidad que reconocemos culturalmente como más femeninos. Pero no la pornografía, puesto que aparte de ser soez y repetitiva, es cosa de hombres.

Durante siglos, el material pornográfico estuvo reservado exclusivamente para los hombres, y entre ellos, sólo para aquél que tuviera dinero suficiente para conseguirlo. Hoy, con el creciente acceso al Internet, el consumo de pornografía se ha generalizado. En este contexto, surge un grupo de mujeres realizadoras de filmes porno desde la visión del feminismo que también buscan placer y orgasmos, pero alejadas del discurso masculino que somete a la mujer a un rol pasivo., haciendo un justo reconocimiento a la igualdad de derechos, pero también a la diferencia (que es indispensable).

Sin embargo, la mirada, las acciones y las voces de Annie Sprinkle y Elisabeth Stephens, Verónica Vera, Monika Treut, Linda Montano, Karen Finley, Maria Beatty, Emilie Jouvet, María Llopis, Shu Lea Cheang, Diana Junyet, no encuentran resonancia en la verticalidad del pensamiento occidental y como afirma Beatriz Preciado, estas prácticas artísticas parecen caer en un vacío historiográfico, reclamando nueva categorías (pospornografía, videoarte y performance pornofeminista) desde las que puedan acceder a la retícula de lo visible.

Con todo, la lucha reivindicativa de algunos sectores contestatarios y liberales de la sociedad contemporánea han ampliado las brechas y han dado un poco de visibilidad a los filmes, documentales o videos de Liandra Dahl, Jennifer Lyon Bell, Sara Kaaman, Ester Martin Bergsmark, Erika Lust, Marit Östberg, Candida Royalle y Tristan Taormino; mostrándolos como ejemplos del posicionamiento que adquiere la voz femenina en la realidad mundana del hombre. Marianna Palerm coordinadora de *La muestra de cine y sexo: La Mirada Femenina* (2012), presentada en el Centro

---

[76] *Ibídem*

Cultural Universitario, en la ciudad de México, como parte de un ciclo de conferencias y mesas de debate titulado "*De la pornografía a la pospornografía*"; escribe que "las directoras reivindican con su cine el derecho de las mujeres a explorar su placer y su imaginación erótica, el derecho a manifestar lo que les gusta y lo que no, el derecho a ver porno y disfrutarlo, el derecho a ser calientes y no por eso ser violentadas.

La pornografía sigue sin ser considerada objeto de estudio filosófico; el desprecio académico que suscita la considera basura cultural[77]. De ahí que replantear el cruce del arte y lo obsceno, en este caso desde la pospornografía donde, en la reinterpretación del porno –como bien dice el psicoanalista Benjamín Mayer-; su objeto no es el sexo, sino la pornografía misma", resulta una razón justificada. Los tiempos se acortan y se abren cerraduras oxidadas; sin duda –como explican Andrés Barba y Javier Montes, (2007)-[78], el consumo masivo de pornografía en países y sociedades oficialmente represores nos dice que quizá estemos llegando a una nueva fase en las relaciones privadas y colectivas con lo pornográfico.

De ahí que abordar la pornografía simplemente como un tema artístico sería tanto como consentir que ésta es o sigue siendo un estigma social que puede mostrarse como trofeo, pero replantear la pornografía desde la libertad que representa el arte, habrá de asumirla como una condición humana, perfectible y ejemplo para reconstruirnos en el compromiso del respeto y tolerancia a la diversidad, cultural, política, sexual o religiosa, cual fuere.

El arte no corrige prejuicios ni destruye dogmas, el arte plantea las cosas desde la libertad que le da sentido a él mismo, para que cada quien asuma la responsabilidad que le corresponda. De ahí que el arte trazado desde una postura sin prejuicio y tolerancia, no únicamente desmitifica, apuesta por el libre albedrío y ofrece expectativas para una sociedad equitativa.

---

[77] *ibídem*

[78] _Barba, Andrés y Montes, Javier (2007) *La ceremonia del porno, Anagrama, Barcelona.*

La mirada crítica en el arte tijuanense
(Un rubro en construcción)

L a producción artística tijuanense es joven, menos del siglo de existencia y probablemente apenas lleva la mitad de la centuria como ejercicio profesional. Un arte que explosiona en las tres últimas décadas con una evolución perfectamente demarcada con una manufactura de predominio plástico en los setenta y ochenta; en tanto que en los noventa seguiremos viendo la creación pictórica, pero también la confección de piezas tridimensionales como el arte objeto y los trabajos relacionados con el arte instalación, influidos estos últimos por inSITE, cuyo objetivo inicial se encontraba fuertemente ligado a esta tendencia, y un tercer periodo, ya en el siglo nuevo, que estará determinado por la elaboración de obras en intrínseca relación con el proceso y el concepto. Una producción dilatada situada hoy en un lugar particular del arte nacional e internacional.

Hago este breve preámbulo para preguntar: ¿Qué rol ha jugado la crítica de arte en la producción artística de nuestra entidad?

La respuesta, como es lógico, se halla en los textos publicados en los diarios locales, en las revistas culturales, en los catálogos y libros escritos sobre el acontecer artístico en la comunidad. Será hasta la década de los setenta, donde encontraremos con mayor regularidad escritos de esta naturaleza; particularmente en los diarios regionales en los cuales se publicaban esporádicamente crónicas y reseñas breves divulgando los eventos culturales de la localidad, escritos bien intencionados, llenos de entusiasmo y encomio, acompañados en ocasiones con la opinión del reportero sobre las obras que él consideraba mejor realizadas de la muestra.

Como ejemplo de este accionar mencionaría los escritos publicados en *El Heraldo de Baja California* (1941-2002) por los reporteros Amada Appi e Ignacio Portugal, así como los textos cortos, meramente informativos ubicados entre las notas sociales de Mario O. Villacorta (Monterrey, N.L., 1946), como un generoso acto divulgativo con el que se afirmaba la importancia de la cultura dando cuenta de lo exitoso de las exposiciones. Encontramos también los escritos publicados, regularmente los domingo, reunidos en una página del mismo diario, titulada "El Heraldo Cultural" a cargo del pintor Ángel Valrá (Mexicali, B. C., 1946), quien escribía breves reseñas sobre literatura y pintura o informaban sobre el arte en general en los que pueden leerse sus apreciaciones personales, así como encomiendas de cómo acercarse a la obra de arte, y en donde era publicado también, ocasionalmente, material de algún escritor invitado, tal era el caso del pintor mexicalense Rubén García Benavides (Cuquío, Jalisco, 1937) y su columna "Problemas del arte", en la que hacía recomendaciones sobre el abordaje de las técnicas pictóricas o temas generales con algunas apreciaciones sobre el arte moderno y cierto es que en ambos escenarios no había manifiesto un compromiso crítico sobre el arte local y resultaban de poco interés para la comunidad en la medida de la nula utilidad que le veían al arte, salvo como un pasatiempo interesante poco o nada remunerativo; no obstante, sí resultaba una información significativa pues contribuía a demostrar la formalidad e importancia de lo artístico, en busca, claro está, de una mayor popularidad y aceptación en el contexto.

Se suman a ese periodo los escritos por Rubén Vizcaíno Valencia (1919-2004) publicados en el suplemento Identidad del periódico *El Mexicano* y algunos escritos del periodista Jesús Cueva Pelayo (Autlán de la Grana, Jal., 1941), que mantenían su discurso en el mismo tono; siempre bien intencionados, a veces rebosantes de halagos que exhortaban al espectador a visitar la muestra más que a reflexionar en torno a las obras. Textos de encomiable valor por haber sido realizados sin más pretensión que la buena voluntad, que rescatan acciones y momentos creativos que contribuirán en la conformación de una memoria cultural necesaria.

En la década de los ochenta la figura de Rubén Vizcaíno Valencia como promotor cultural se hace más notoria por los abundantes escritos publicados en el suplemento cultural a su cargo, en el que seguía abordando los distintos aspectos de la vida cultural regional y con cierta frecuencia describiendo exposiciones de pintura.

Un periodo en el que se continuaban realizando semblanzas sobre las exposiciones pictóricas locales; escritos caracterizados por un discurso ponderado que exaltaban la importancia de la cultura en general, que invitaban al lector a visitar la exposición y que con frecuencia, a través del listado curricular de los logros del artista, se pretendía acercar al lector a las exposiciones. Resultaban crónicas y reseñas del acontecimiento expositivo con abundantes comentarios elogiosos y acotaciones sobre su personal apreciación de las obras, señalándose, a veces, las potencialidades del artista. Notas en donde, incluso, se llegó a publicar —además del currículo— la lista, con la ficha técnica respectiva, de toda la obra expuesta.

En ese mismo periodo pero con una sintonía diferente encontraremos los textos de la escritora Ivonne Arballo (Mexicali, 1956) y del poeta Víctor Soto Ferrer (...), que marcaban una importante diferencia en la medida de proponerse desde una prosa poética bien estructurada con la que se exaltaban los aspectos técnicos del color y la composición con analogías de inferencias sobre la grandeza del espíritu y lo sublime como esencia fundamental del arte. Fueron textos importantes pues a través de estas narrativas poéticas bien constituidas, develaban las genialidades del artista y otorgaban al arte un rango intelectual que lo colocaba en otras dimensiones y ello resultaba de interés, y es probable, me atrevo a asegurar, que haya funcionado muy bien como incentivo para acercar el arte a la comunidad; pues ello, además, traía implícito el hecho que entenderlo o poseerlo era signo de un espíritu elevado que además, prestigia.

Una década más tarde aparecen en el escenario del periodismo cultural escritores con prácticas más amplias en otros géneros literarios, cuya experiencia y formación profesional y cultural se hará transparente en los argumentos vertidos respecto al arte. En los textos publicados en los diarios o semanarios (*El Mexicano, El Heraldo, El Diario 29, El Sol de Tijuana, El Baja California, El Zeta, Bitácora*) por periodistas y comunicólogos como Armando Cáceda, Julieta González Irigoyen, Gabriela Olivares, Lilia Marín, Karina Paredes, Jaime Chaidez, Janeth Sánchez, Juan Carlos Domínguez, Alma Delia Martínez, pueden encontrarse una línea más precisa de orientación cultural y mayor formalidad técnica que iban más allá del informe sobre el acontecimiento, que profundizaban un poco más y situaban al lector sobre determinados valores observados en los trabajos y autores publicados.

En esos tiempos se sumarán los escritos de Manolo Luis Escutia (México, DF, 1940) y Blanca Scheleske, ambos pintores que elaboraban sus textos dentro de un formulismo basado en su experiencia productiva y formación teórica, donde las analogías de la obra y las tendencias artísticas planteadas hacían más sencillo ubicar y redimensionarlas. Argumentos que resultaban, tal vez, menos amigables para el lector común pero más descriptivos y precisos en su formalidad estética y aquí, cabría también mencionar los textos del poeta Eduardo Arellano, que aún con su fuerte inclinación poética, su carga reflexiva dejaba entrever el potencial de su visión crítica.

Las revistas culturales que desde finales de la década de los ochenta hacían presencia en la entidad como *Esquina Baja* una publicación de la Asociación Cultural Rio Rita, fue una ventana importante a los acontecimientos culturales particularmente literarios y musicales, ocasionalmente abordaban la plástica y *Agit Prop,* que aparece como un ejercicio bizarro que precede al *fanzine* se abría a la literatura y a la plástica. La *ranura del Ojo* y *Comunicare*, difusoras culturales con muy poco compromiso con lo plástico y aún menos con la crítica. Hacen su aparición los *fanzines* de jóvenes que con sus propios recursos editaban sus ideas y desacuerdos sociales, de entre ello es pertinente traer a la memoria los fotocopiados del colectivo *Contra-Cultura menor.* Revistas y fanzines de vida relativamente breve que se integran al ya efervescente acontecer cultural local, demarcando tímidamente una ruta en el universo de la crítica de arte.

Se publica el libro *El Centro Cultural Tijuana. En el centro de la cultura* (1994), para conmemorar el primer aniversario de su existencia; editado por Leobardo Sarabia (Culiacán, Sin., 1960), en donde se detallan cronológicamente todos los eventos realizados en el decenio, que por supuesto contemplan las exposiciones de artistas locales y nacionales, acompañadas únicamente de imágenes de los acontecimientos y de algunas obras de arte con el listado de participantes y algunos comentarios elogiosos sobre los sucesos.

Aparecen los primeros libros de arte (colectivos), *Las Rutas de la Luz. El paisaje de Baja California* (1995) de Aidó Grijalva y Gabriel Trujillo (Mexicali, B. C., 1958) y *30 artistas plásticos de Baja California* (1998) de Roberto Rosique (Cárdenas, Tab., 1956), El primero, en una espléndida edición, compila imágenes de autores locales, tanto plásticos como fotógrafos, que habían abordado en su producción el paisaje regional. Con un excelente registro fotográfico realizado por David Mahuad, una somera y entusiasta introducción informativa sobre el paisaje regional que hace Gabriel Trujillo. Las imágenes se acompañarán de fragmentos de textos tomados de escritores locales cuya producción poética aluden al paisaje regional. Un material interesante que reafirma la exótica geografía peninsular, sus mares y desiertos a través de la lente de sus fotógrafos y la pincelada diestra de sus artistas plásticos (con el agregado de algunas obras que, estrictamente hablando, no pertenecen al género del paisaje). Un libro carente de un planteamiento crítico que devele la relación estética entre autor, obra y paisaje que conceda al lector otros códigos más allá de la evidencia de las espléndidas imágenes del panorama californio.

El segundo, muestra por vez primera un abanico de las tendencias pictóricas de artistas profesionales más destacados del medio, con un interesante registro de obra, seguidas de breves textos sobre la producción de cada autor realizados por escritores de la localidad, repletos de encomios y buenas intenciones, pero faltos, en su mayoría, de componentes o discernimientos críticos que hicieran posible una comprensión más precisa de este periodo creativo.

El ICBC publica en 1997 dos cuadernillos de fotografía *Del río amarillo al Colorado*, de Odette Barajas y *Retratos desde Tijuana*, de Ivonne Vengas, sin un texto que acompañe o de lectura a las propuestas fotográficas; con todo, quedan como memoria del reconocimiento a la fotografía como una obra artística, más allá de considerársele, como había sido lo habitual, únicamente el elemento que registra un instante.

Los catálogos de las bienales del ICBC y la universitaria (UABC), realizados con un ahorro de recurso sorprendente (se imprimían en color únicamente las obras premiadas). Con textos escuetos donde el jurado justifica sólo las razones de la selección y el porqué de las obras ganadoras y en ocasiones acompañadas de recomendaciones para las futuras emisiones.

De los escasos catálogos individuales, quizá el más formal realizado hasta ese entonces fue *Allium Sativum. Reflejos de una mordida* (1998), de Franco Méndez Calvillo, una edición bien cuidada con un texto introductorio y apresurado de Felipe Ehrenberg que ofrece una lectura muy superficial sobre la obra del autor.

Casos particulares serían las sendas memorias de las emisiones de inSITE 94 y 97, en las que no se escatiman recursos para su edición y los textos realizados por los críticos contratados como jurados del evento, ajenos al medio, serán abordados con juicios de valor interesantes, en donde pueden encontrarse cuestionamientos sobre los logros y la realidad del evento; como ejemplo mencionaría los ensayos de Cuauhtémoc Medina y Olivier Debroise (1994, 1997), hecho que los transforma (si de memoria apegada a la realidad de los acontecimientos se trata) en material hoy imprescindible.

inSITE97 como parte de sus proyectos comunitarios editará el libro *Tijuana entre la luz y la sombra*, un proyecto comunitario-fotográfico, coordinado por el poeta Francisco Morales (Cananea, Son., 1940) y el fotógrafo Alfonso Lorenzana (San Luis Rio Colorado, Son., 1953), que tuvo como fin el que un núcleo de miembros de la comunidad: estudiantes, profesionistas, trabajadores, entre otros, hicieran un registro fotográfico de la ciudad, crearán textos literarios con la misma temática, de los que se seleccionan algunos y se editan como una lectura poético-visual de la ciudad. Un documento interesante que carece de un texto crítico que clarifique, dimensione o cuestione sus objetivos.

El catálogo del Salón Internacional de Estandartes 96, publicado dos años después, con sus textos oficiales de presentación por Rafael Tovar y de Teresa y Alfredo Álvarez Cárdenas, directores de Conaculta y del Cecut, respectivamente, así como un texto breve de Teresa del Conde que brinda información muy general del evento, sin una sola nota crítica sobre la obra ganadora o de cualquier otra del amplio contenido de la muestra.

Una década en la que encontramos textos variados publicados en periódicos y revistas culturales que se circunscribían a la crónica, a la reseña con cierto contenido crítico y a la crítica propiamente dicha. Un material hoy de suma importancia pues contribuye a la conformación de esa historia cultural de la localidad.

El desborde creativo visto ya en esta primera década y media que va del siglo comenzará también a encontrar reconocimiento en otros linderos y a ser registrado con mayor interés que en el pasado. La bibliografía se abulta y sobre todo se refina y cierto es que todavía se requiere de un mayor rigor en algunos abordajes críticos; en otros la precisión de la lectura y el planteamiento expuesto del escritor permite una comprensión más clara de esta vasta producción contemporánea.

Uno de los primeros libros que aparecen en el introito del siglo, con un recuento interesante sobre las tendencias artísticas contemporáneas fronterizas es *Intromisiones compartidas. Arte y sociedad en la frontera México / Estados Unidos,* (2000) de Néstor García Canclini (La Plata, Arg., 1939) y José Manuel Valenzuela Arce (Tecate, B. C., 1954), aquí los autores, se valen de entrevistas a promotores culturales y artistas, estudios de campo en Tijuana y San Diego, Ca., que les permita un contacto más estrecho con actores, organizadores culturales y la obra misma, para con ello, hacer una lectura más precisa del acontecer cultural. Suman a este esfuerzo editorial la revisión de lo publicado en presa y revistas especializadas en torno a las tres emisiones de inSITE (92, 94 y 97), al tiempo que efectúan la investigación de algunas de las principales actividades artísticas regionales (arte chicano, la obra mural y el graffiti, el Taller de Arte Fronterizo y el Festival Internacional de la Raza) y buscan con todo ello entender su significado como parte de las interacciones socioculturales entre artistas mexicanos y norteamericanos.

Un libro que ayuda a dimensionar los alcances del arte público fronterizo más allá de las consabidas propuestas del monumento y el mural, y a comprender las diversas intrusiones en los intersticios sociales binacionales y sus intercambios culturales.

El Cecut y el IMAC publican *Al fin destino* (2000) de Roberto Rosique, una interpretación estética de un cuento breve de su misma autoría, que buscaba sobreponerse a la ilustración otorgándole al dibujo una voz narrativa personal. Con un texto introductorio del poeta Neyro Fernely y otro del escritor Rolando de la Mora en el que sus lecturas benevolentes dejaron poco espacio para la crítica.

El Fondo Regional para la Cultura y las Artes y el ICBC editan *Los rostros del oficio* (2001), de Roberto Rosique, un libro con retratos de 60 artistas bajacalifornianos de diversas disciplinas, a manera de un reconocimiento por su activa participación local. Con una introducción del escritor Antonio Heras en el que hace una lectura imparcial sobre la obra con un escrito bien fundamentado, estructurado con analogías y un discurso preciso sin ambigüedades y elogios.

El libro *Paso del Nortec. This is Tijuana* (2003), de José Manuel Valenzuela, con una introducción de José Luis Paredes, "Pacho", historiador, musicólogo e integrante del grupo "La Maldita Vecindad", que ubica al lector, a través de una serie de anécdotas, en el contexto puntual que hizo posible el surgimiento del Colectivo. Un texto central del propio Valenzuela que permite la comprensión de la fuerza y radicalidad del fenómeno musical, cuyo impacto se desborda hacia otras áreas visuales con los trabajos de los Video-Jockeys por una lado y por otro, la gráfica edificada con las propuestas de un número importante de artistas cuyas imágenes y diseños reconfiguran los estereotipos de esta ciudad heterogénea.

Un material imprescindible para entendernos como frontera, un estudio social que si bien gira alrededor de la música, arte y literatura da cuenta clara de la Tijuana híbrida y propositiva como una de las mecas culturales más innovadores del país.

Se edita una monografía sobre la obra de *Álvaro Blancarte* (2003), con una introducción de Eduardo Arellano (1959-2004), el que, mediante de una prosa poética elegante hace un recuento de la evolución del pintor y realiza algunos acercamientos a su producción que se deslizan entre apreciaciones subjetivas poco claras y una forzada analogía con otras corrientes estéticas. Un material colmado de buenas intenciones y superficiales apreciaciones del peso de una obra madura que requiere develarse más allá de las florituras del lenguaje. Una impecable edición de Conaculta, Cecut y Difocur.

El cuerpo como obsesión. La mirada oblicua (2003), de Enrique Trejo Tijuana, B. C., 1946) una edición de autor y uno de los primeros libros de fotografía publicados en el estado con imágenes que igual provenían de cámaras analógicas como digitales, las que trabajó con una versión de *Photoshop*, para conferirles electrográficamente una atmósfera particular enriquecida de texturas simulando solarizaciones y otros efectos distintivos de la fotografía experimental de la modernidad. Imágenes que hizo acompañar de un fragmento poético de autores que también encontraron en el cuerpo un pretexto creativo (Quevedo, Bécquer, Darío, Machado, Lorca, Hernández, Vallejo, Neruda, Pellicer, Alberti, Becerra). Con un texto breve de Roberto Rosique que refugia su lectura en ciertas analogías con la obra de Man Ray en un intento por justificar el logro de resultados parecidos con métodos completamente diferentes.

La UABC coedita con Plaza y Juanes, ese mismo año, una compilación de textos breves de Eduardo Arellano bajo el título de *Estado de sitio. Ensayos (y otros asaltos) sobre literatura y arte*; en el que aborda la obra poética de autores universales de su preferencia, así como la de algunos bajacalifornianos. Hace también un recuento somero de la producción plástica local en donde da lectura a la obra Álvaro Blancarte, Roberto Rosique, Franco Méndez Calvillo, Fernando García Rivas, Gabriel Adame, Hugo Crosthwaite, y de los fotógrafos José Lobo, Julieta Bartolini y Julio Orozco clarificando desde sus apreciaciones sus aciertos o potencialidades. Un material en el que pone sobre la mesa sus juicios de valor y en los capítulos finales increpa a la Escuela de Humanidades de la UABC por la ausencia en la investigación y crítica de arte, y cierra el libro cuestionando la plástica bajacaliforniana, la que en su generalidad encuentra repitiéndose y refugiándose en la ilustración, la decoración, las truculencias, los anacronismos, las manipulaciones formales y las transfiguraciones y señala universos en los que incluye un puñado de autores dignos de mostrarse al mundo. Un material fundamental que al ser leído a la distancia permite ver, entender el camino recorrido y los alcances del arte regional.

Al cierre del siglo se hacía necesario un recuento de la extensa producción plástica del Estado, las nuevas generaciones venían imponiendo otros abordajes y lo retiniano parecía volverse secundario, *Hacedores de imágenes* (2004) de Roberto Rosique, hace una revisión de la producción de 36 artistas profesionales y activos, que hasta el inicio del siglo XXI habían destacado en la escena local, nacional e internacional.

Un recuento que contempla a los representantes más propositivos de las viejas generaciones, las intermedias y algunos emergentes que incursionaban en otras propuestas estéticas distantes de la pintura. Lamentablemente con la ausencia de artistas fundamentales como Marta Palau, Benjamín Serrano, Daniela Gallois. Un material que a diferencia de su libro anterior (*30 artistas plásticos de Baja California*, 1998), el autor asume la responsabilidad de hacer una lectura personalizada y emitir un juicio de valor de las propuestas artísticas de cada uno de los participantes en la selección.

En el 2006 aparece *Letras de luz. La fotografía tijuanense desde la perspectiva de sus autores 1980-2002*, de Pablo Guadiana (Ensenada, B. C., 1967), fotógrafo también y comunicólogo, que realiza una investigación en torno a la ciudad (Tijuana), vista ésta desde la perspectiva de sus autores, que a decir del compilador, selecciona por su profesionalismo, su origen o tiempo de permanencia en la ciudad y sus propuestas fotográficas. Once autores: René Blanco, Yvonne Venegas, Miguel Cervantes, Alfonso Lorenzana, Manuel Bojórkez, Enrique Trejo, Roberto Córdova, Julio Orozco, David Maung, Vidal Pinto y Yuri Manrique; que desde sus apreciaciones a través de la lente, compartidas éstas con entrevistas, describen la personalidad que reviste a esta ciudad compleja. Un interesante material que no ahonda en los significados que puede contener esta experiencia más allá del registro fotográfico y la implicación que sus autores tuvieron con la ciudad; sin duda importante, pero ausente de una reflexión crítica respecto a la fotografía desde su papel estético y documental.

La polémica localidad de Tijuana ha sido desde tiempo atrás motivo para la creación de poemas, artículos, ensayos, libros, fotografías, videos y películas, que en su afán de describirla en muchas ocasiones se exageran situaciones, se minimizan hechos y se desdeñan cualidades. Voces que hacen eco y como historias que venden, con el paso del tiempo irán conformándole la imagen mítica de ciudad sórdida, a la que el narcotráfico y su exacerbada violencia le adicionan particularidades que la hace aún más compleja, detestada y atrayente.

En el 2006 aparecerá en escena el libro *Aquí es Tijuana*, de la antropóloga cultural Fiamma Montezemolo, el arquitecto René Peralta y el escritor y crítico Heriberto Yépez (Tijuana, B. C., 1974), un material a tres voces que investigan, hacen un recuento de hechos reales y recapitulan con un opúsculo de imágenes, dimensionando, no sin un dejo de espectacularidad, una cara más justa de esta ciudad vigorosa.

Un documento visual dilatado, que permite corroborar los datos con la realidad registrada. Un libro, en fin, que lo conforman datos e imágenes para que tú las descifres y estaciones en cualquier rincón de tu consciencia y que como colofón, agregaría, sirve de minuta para entender los alcances de su producción cultural heterogénea, la que se universaliza a expensas de esa complicidad con su contexto.

El ICBC en los Premios Estatales de Literatura del 2008, otorga, en el género de Periodismo cultural, el primer lugar a Juan Carlos Reyna (Tijuana, B. C., 1980), por su libro *La(s) estética(s) de la mundialización* (2009), un material que si bien no contempla la producción artística regional, da cuenta de las dinámicas del mercado mundial del arte partiendo de la revisión de 14 artistas situados en el pináculo de la fama. En el cual afirma que "el arte contemporáneo trafica géneros, formas, pero sobre todo mitos; una veces al centro, y otras al margen de la simulación del poder [...] El arte contemporáneo —escribe el autor— ya no puede trasgredir, el arte contemporáneo trafica" (*op.cit*:7,13).

Un material necesario para la comprensión de los alcances del poder, el mercado en el *mainstream* del arte y que invita igualmente a la reflexión de lo producido en la localidad como higiene mental de las posturas, pretensiones y éxitos alcanzados.

La producción contemporánea cada vez con mayores logros y reconocimientos internacionales se hará meritoria también de una revisión de su producción divergente. Norma Iglesias Prieto (...), antropóloga social con una experiencia amplia en la investigación de las dinámicas socioculturales fronterizas (y transfronterizas), realiza un tributo, como ella dice, de las múltiples expresiones creativas de Tijuana y que propone en tres tomos. *Emergencias. Las artes visuales en Tijuana. Los contextos urbanos glo-cales y la creatividad* (2008), el primer tomo (hasta ahora el único editado) que plantea el contexto urbano y social con sus diversos matices, sus extremos de la prostitución a la violencia, sus contrastes entre las minorías pudientes y la pobreza insultante de la mayoría, que visto todo ello a través de las prácticas artísticas y las reflexiones que de ella emanan, juegan un papel importante. Un libro que ayuda a entender cómo el dinámico contexto transfronterizo será alimento y componente sustancial de la producción artística local.

En el cierre de la década aparecen dos libros más, uno monográfico y el otro, una revisión de la historia del arte en Tijuana; dos posturas diferentes, unidas en la intención de continuar abonando al camino iniciado tiempo atrás por otros autores comprometidos en dejar constancia de su andar y contribuir así a la memoria escrita.

Amphora. Un índice de posibilidades de Roberto Romero-Molina (National City, Ca., 1962), editado por el Fondo Editorial de Baja California del ICBC, y es la memoria de la exposición del mismo nombre. Con excelentes ilustraciones de las piezas, acompañadas de un listado de textos de autores disímbolos (Sergio Rommel, Claudia Algara, Eduardo Andrade, Amaranta Caballero, Lorena Mancilla, Karina Márquez, Roberto Navarro, Sidharta Ochoa, Omar Pimienta, Julio Álvarez Ponce, Juan Carlos Reyna, Pepe Rojo, Rafael Saavedra y Deyanira Torres) que reflexionan en torno a las propuestas objetuales y conceptuales del autor, algunas con certeras observaciones y otras más, escritas a manera de cumplido y buenos deseos, adosan muy poco a los contenidos que permitan vislumbrar otras dimensiones de las piezas en cuestión.

Del arte en terciopelo negro al arte Instalación. Apuntes sobre las artes visuales en Tijuana, (2010) de Roberto Rosique, que hace un acercamiento a la historia de las artes visuales de Tijuana, desde su pasado cercano con su exigua producción pictórica, el florecimiento de los óleos pintados sobre terciopelo negro, la explosiva producción plástica de los ochentas y noventas, hasta algunas manifestaciones contemporáneas como inSITE, la Bienal Internacional de Estandartes y Tijuana la Tercera Nación.

La revisión de algunos aspectos sociológicos ahí planteados resultan esenciales para entender de qué manera son incentivos o influjos en las propuestas estéticas y el porqué de la rápida evolución de éstas en su breve tiempo de existencia. El libro es un atisbo a un arte fronterizo que ha mostrado su gran capacidad de asimilación y adaptación a las demandas actuales; es una aproximación a un arte plural, congruente al dinamismo social en que se desarrolla.

En el 2012 el Centro Cultural Tijuana inaugura una muestra colectiva titulada: *Obra Negra. Una aproximación a la construcción de la cultura visual de Tijuana,* bajo la curaduría de Carlos Ashida (1955-2015) y Olga Margarita Dávila (...), que dejó algunos sinsabores para algunos artistas que no fueron incluidos. De esa extensa muestra se desprendió un espléndido catálogo muy bien editado con el texto curatorial correspondiente justificando su postura ante lo encontrado en su investigación y lo que se exhibió, y su lectura en cuanto a lo que consideraron la cultura tijuanense, lectura que buscaron reflejar en el título de la muestra, es decir una cultura aún en obra negra en la que visualizan un largo camino aun por recorrer. Un catálogo al que suman otras voces de autores locales que desde sus trincheras han dado cuenta de la construcción cultural de la entidad. Un material ambicioso que cumple las expectativas y la crítica generada en el mismo (desde todas las voces que lo componen) devela el recorrido que la cultura de esta ciudad fronteriza ha realizado para ubicarse en el horizonte en que ahora se encuentra.

Conaculta y Culturas Populares de México, publicarán en el 2013: *Nosotros. Arte, cultura e identidad en la frontera México – Estados Unidos,* de José Manuel Valenzuela en el que hace un recorrido puntual sobre el acontecer cultural de tres décadas del universo fronterizo, donde discute la conformación de la identidades nacionales y los repertorios identitarios binacionales, aborda sus manifestaciones culturales y artísticas dejando ver sus fortalezas y debilidades. Un material sociológico indispensable para entender la dimensión que caracteriza a la cultura fronteriza.

La información vertida en los catálogos de arte en este periodo generados en las bienales y exposiciones individuales, aun con sus escasos textos críticos, el registro gráfico de sus obras los convierte en material valioso, que permiten una lectura más precisa del transitar cultural de la entidad. Puede decirse que, de nueva cuenta, los catálogos de las emisiones de inSITE (2000-2001 y 2005), son buen ejemplo de ello; hoy documentos inestimables, que registraron puntualmente la producción visual, sus reflexiones y planteamientos teóricos en relación a las obras y al evento en general.

El primero *[Situational] Public/ [Situacional] Público* registra todos los proyectos comisionados por inSITE05, bajo la tutela de Osvaldo Sánchez (La Habana, Cuba) y documenta ampliamente los programas *Intervenciones* y *Escenarios.* Compila el proceso y desarrollo (investigación, producción y presentación al público) de cada una de las 22 *Intervenciones* y además reseña el *Archivo Móvil Transfronterizo,* el proyecto en línea (*Tijuana Calling*) y el evento sonoro-visual *Ellipsis.*

El segundo, *Farsites/Sitios distantes,* recopila la experiencia artística de 52 artistas internacionales titulada *Crisis urbana y síntomas domésticos en el arte contemporáneo reciente,* que cuenta con los ensayos[79] tanto del curador ejecutivo Adriano Pedrosa (Río

---

[79]*Ensayos* de Adriano Pedrosa: *Sitios distantes,* Julieta González: *El `factor crisis`- el arte y la arquitectura frente a lo urbano informal,* Santiago García Navarro: *Verhacer en un tiempo sin ruinas,* Carla Zaccagnini: *Ciudades inquietas,* Betti-Sue Hertz: *La movilidad del fragmento: extracciones arquitectónicas y cortes fotográfico de lo urbano,* Ana Elena Mallet: *Residuos de un proyecto fallido: la inconforme promesa de la modernidad,* Norman M. Klein: *Los mundos paralelos de sitios distantes,* Suely Rolnik: *La vida en venta.*

de Janeiro, Brasil, 1965), como de los curadores invitados, además, de los textos puntuales de la psicoanalista Suely Rolnik (Sao Paulo, Brasil) y el historiador urbano y crítico cultural Norman Klein (…).

Materiales que a la distancia siguen hablando de la relevancia del evento, y su valor como memoria podemos encontrarlo fuertemente afianzado a su contenido.

Puede decirse lo mismo, por su rango de importancia, de los catálogos editados en las Bienales de Estandartes, que a partir del inicio del siglo dejó de ser el Salón Internacional celebrado anualmente. Las cuatro ediciones (dos números dobles 2000-02 y 2008-10), registran cada uno de los estandartes que concursan, con sus respectivas presentaciones de la autoridades correspondientes y acompañados igualmente de textos bilingües realizados por críticos respetados como Francisco Reyes Palma, José Luis Barrios, Santiago Espinoza de los Monteros o personajes reconocidos como Emilio Carballido y la propia Marta Palau, que apuestan con su reflexión crítica por la importancia de los eventos y destacan las cualidades que hicieron meritorio los premios. Documentos interesantes por el peso de las voces que los conforman y respaldan.

De aquel controversial evento *Tijuana Tercera Nación* (2005) queda una interesante constancia coeditada por diversas instancias culturales y la iniciativa privada, que da cobijo a una serie de argumentos como los introductorios de Antonio Navalón el principal responsable del proyecto, Gabriela Rodríguez directora de diseño, los textos críticos de José Manuel Valenzuela, Carlos Monsiváis, Marcos Granados y Norma Iglesias, en quienes recayó el compromiso de la lectura y justificación conceptual del evento.

Trae anexo otros escritos denominados *Testimonios,* de autores como Leobardo Sarabia, Roberto Rosique, Alfonso López Camacho, Teresa Vicencio y Jaime Chaidez Bonilla, y un apartado singular, que considero apreciable por reconocer el disentir de algunos escritores sobre el proyecto y que fue titulado *Las diferentes ideas*, compuesto por algunos de los textos que aparecen en la prensa local y nacional donde se expresan opiniones encontradas sobre la importancia del evento, que en cierta forma secundan el artículo opositor de Heriberto Yépez titulado: *No al arte NAFTA*. Un catálogo que no escatimó recursos para su realización, que contiene, además, un extenso y formidable registro fotográfico de los programas tanto expositivos, de intervención de espacios, musicales, literarios, que conformaron el evento.

La Feria Internacional de Arte Contemporáneo española (ARCO) decidió que el país invitado para su emisión del 2005 sería

México, como tradicionalmente había venido haciéndolo con otros países. Será también una excelente oportunidad del arte regional para mostrarse ante el mundo. La decisión de la participación de bajacalifornianos a través de *Tijuana la Tercera Nación* y *Tijuana Sessions*, provendrá de algunas situaciones coyunturales, por un lado la presencia de Antonio Navalón, escritor y empresario español, perfectamente posesionado en su país en los medios de comunicación (Telefónica y Santillana), su excelente relación con el gobierno federal mexicano en turno.

Tijuana Sessions, formará parte también del marco de actividades ofrecido en ARCO. De esta experiencia queda un catálogo que reúne obras de Tania Candiani, Julio Orozco, Acamonchi, Charles Glaubitz, Julio Morales, Pepe Mogt, Jaime Ruiz Otis, Sergio de la Torre, Ivonne Venegas, entre otros, así como de los colectivos Bulbo, Torolab, Radio Global y Nortec, acompañados de los textos curatoriales de Priamo Lozada y Taiyana Pimentel, una introducción de Carlos Monsiváis y un texto complementario y clarificador de Heriberto Yépiz. Una memoria, hoy ya emblemática, por la dimensión que logran posteriormente los participantes.

Los catálogos de exposiciones colectivas como *Tijuaneros* (2000)[80] realizada en La Habana, Cuba, con apoyo del IMAC; *"Transiciones". La escultura contemporánea en Tijuana* (2005), editado por UABC y Difocur, Sinaloa; el material de *Ars Latina* (2007), llevada a cabo en Tijuana por iniciativa de Laura Castanedo (Tecate, B. C., 19) y Alfonso Caputo (…); evento plástico/visual, multimediático con una amplia participación de artistas latinoamericanos, con sus distintos textos de presentación y el respaldo de todas las instancias culturales del estado. Los editados para las Bienales Plásticas locales (2003, 05, 07, 09), la octava Bienal Universitaria (la última como tal), la Primera Bienal de Arte Contemporáneo de la Escuela de Artes de la UABC (2007) y el realizado para la exposición *Síntoma y diagnóstico* (2007), las tres de la misma institución; así como *Polypainting* (2011), catálogo de la exposición de Luis Ituarte en donde se replantea la abstracción; todos estos catálogos merecen especial reconocimiento por la calidad del registro de obras, y sus breves pero concisas presentaciones, apreciaciones y recomendaciones de sus curadores.

---

[80]Franco Méndez Calvillo, Roberto Rosique, Ricardo Álvarez, Álvaro Blancarte, Gabriela Escárcega, José Lobo y Juan Zúñiga.

The Baja California Art Book (2012)[81], editado por Cecut, IMAC y Casa Valencia, es el catálogo de la exposición colectiva "Un paso al Norte", compuesta con obras de 16 artistas bajacalifornianos de diferentes áreas y categorías, al igual que generaciones; con un texto introductorio generoso que presenta a los autores de manera genérica, sin ninguna pretensión crítica que dé cuenta real o precisa del objetivo de la muestra.

Los suplementos culturales como Identidad y Vitrina cultural de *El Mexicano*, Minarete del *Frontera*, Cultura del semanario *Zeta,* continúan cubriendo todos los eventos relacionados con el arte, brindan espacio a las exposiciones, las crónicas que sólo informan el suceso han quedado atrás, hoy pueden leerse reseñas o artículos bien planteados donde las obras y proyecto a exponer, así como las ideas del creador son replicadas por el periodista; sin embargo, el análisis crítico apenas asoma.

Los revistas culturales como *TijuanaMetro* editado por Leobardo Sarabia y *Tijuaneo. El pulso cultural de la frontera*, comandada Octavio Hernández (1956-2015), son protagónicos en la difusión de las actividades culturales locales, ocasionalmente dedican un espacio a las artes plásticas o contemporáneas donde generalmente se hace un recuento de hechos pero desestiman en el abordaje crítico.

Cierro así la revisión de los escritos de estas voces disímiles de periodistas, escritores y artistas que dejaron un puñado de textos de temperamentos diversos, que incluyeron crónicas de los sucesos artísticos, copiosas en comentarios ponderativos y apreciaciones personales muchas veces avaladas por el gusto; reseñas con algunas acotaciones que contemplan tímidamente la crítica y en un número menor de casos, textos críticos bien estructurados que permiten dimensionar la realidad creativa local.

Con el entendido que la crítica no puede estar ligada a la condescendencia que elogia y legitima sin razón, ni a la descalificación tendenciosa, como tampoco al beneficio del mejor postor, es menester incluso, desligarla de ocurrentes presuposiciones, de la profusión de explicaciones racionales y de discursos retóricos, pues a decir de Norman Bryson (1991)[82] esto no implica un acercamiento sino un distanciamiento entre obra y espectador, y

---

[81]Luis Alderete, Alfonso Arámbula, Nuria Benítez, Rosa Camacho, Xóchitl Franco, Héctor Herrera, Alejandro Martínez Peña, Miguel Nájera, Alejandra Phelts, Patty Roa, María Evangelina Rodríguez, Ligia Santillán, David Silvah Martin Téllez, Liz Vaillard y Aida Valencia.

[82] _Bryson, Norman (1991). *La lógica de la mirada*, Madrid: Alianza Editorial

queda claro que para ejercer la responsabilidad de crítico no es suficiente la buena voluntad y la generosidad, como tampoco ser un lego en torno al tema, Arthur C. Danto (2003)[83], declaraba que no es posible identificar ninguna obra artística si no hay un cierto telón de fondo teórico, una base de información cultural para poder concebirla como un discurso tanto descriptivo como interpretativo y al mismo tiempo evaluador.

Ante estas posturas emergen de nuevo las preguntas: ¿Qué papel jugó la crítica en la evolución del arte local? ¿Ha contribuido ésta al desarrollo del mismo?

Tomando en consideración las implicaciones de una crítica pertinente y comprometida, tal es planteada por los autores mencionados, respondería que todos quienes hemos abordado la crítica artística local a duras penas cumplimos con algunos aspectos de estos requisitos y, si además, tenemos en cuenta que son escasos los textos críticos locales que han encontrado otros auditorios más allá de la frontera; puede aseverarse que la voz crítica que guía, cuestiona o esclarece, tuvo poca resonancia en la evolución del arte local.

Es claro, por tanto, que el rápido avance del arte bajacaliforniano y su reconocimiento en otras latitudes no dependió de las reflexiones surgidas en la crítica local; no obstante, se puede admitir que fueron otras escenarios propiciados por diversas circunstancias sociopolíticas, geográficas y todos los corolarios de los intensos flujos migratorios, que junto a sendos eventos como inSITE, la Bienal Internacional de Estandartes y Tijuana la Tercera Nación (que avalaron la producción local hoy exitosa) y en menor medida la crítica generada en otros epicentros; lo que en su conjunto contribuyeron a darle la visibilidad que las artes tijuanenses hoy tiene ante el mundo.

Esto de nuevo lleva preguntarse si ¿éste es justamente el pendiente que debe subsanarse de la crítica regional? o ¿habrá necesidad de plantearse la crítica con otros objetivos?

Hoy resulta evidente que el papel de la crítica contemporánea ha superado la funcionalidad que caracterizó a esta actividad en la modernidad y es posible aceptar, que aun cuando la crítica no es una disciplina definida y que su función cambiante está supeditada al

---

[83] _Danto, Arthur C. (2003). *Después del fin del arte: el arte contemporáneo y el linde de la historia*, Madrid: Paidós

contexto y a las formas mismas del arte, su papel tiene por tanto que responder a otras necesidades.

Tal vez ya no sea suficiente hacer legible lo invisible en una obra como planteara Carl Einstein (1934)[84] o revalorizar la estética de la percepción, como propone Catherine Millet (2003:325)[85], que nos permita confrontar nuestros sentidos con la realidad de las piezas, sabiendo que esta realidad es lo que, de vez en cuando, marca el límite de la arbitrariedad artística y de su dictadura. Quizá aceptar que la crítica, como expresa Susan Sontag (1964)[86], debe mostrar lo que la obra revela en sí misma, y ello no supone un desconocimiento de los aspectos contextuales de la obra, ni una ausencia de reflexión sobre lo que su temporalidad exige, no deje de ser un buen camino; pero dada las circunstancias del arte actual que parece interesarse un poco más por un rol social más comprometido, tal vez sea tiempo de confiarle a la crítica otras responsabilidades.

Se podrían acatar todas las recomendaciones que se consideren pertinente para que la crítica local adquiera una voz "respetable", pero seguiríamos concediéndole finalmente el mismo papel histórico que juzga y otorga créditos y ello es el rol que va de la mano y ha alimentado la importancia y el protagonismo de un arte funcionalista, el que se produce para el mercado, óptimo para el engranaje del sistema. ¿Sería este realmente el rumbo que tendría que seguirse?

Podemos aventurarnos a pensar que si el papel de la crítica se desempeña con idoneidad desde la ética y el compromiso formativo, lejos de la funcionalidad que la ha caracterizado; si en el empeño por encontrarle otros sentidos al arte, la crítica contribuye al enriquecimiento conceptual del producto artístico, ya sea porque en un accionar dialógico, crítico y autor se amalgamen o el autor empleé la crítica como herramienta de su propio discurso; probablemente ante esas condiciones en lugar de juicios de valor se aporten reflexiones que contribuyan a ensanchar los horizontes creativos permitiéndole al artista descubrir nuevas rutas que brinden otras responsabilidades al arte o demostrarle a la sociedad que el arte es

---

[84] _Einstein, Carl (2008). *El arte como revuelta: Escritos sobre las vanguardias (1912-1933)*, Madrid: Autor-Editor.

[85] _Millet, Catherine (2003). La crítica contra la arbitrariedad, en Ana María Guash, coordinadora. *La crítica de arte. Historia, teoría y praxis*, pp, 315-325, Barcelona: Ediciones Serbal.

[86] _Sontag Susan (1969). *Contra la Interpretación*. Barcelona: Seix Barral.

algo más que un insumo de mercado que adorna muros y combina con alfombras y cortinas o haga posible que el gobierno comprenda al fin el papel protagónico del arte, más allá del divertimento que se le adjudica, que es bueno, o ser alimento para el espíritu que es necesario, tendrá que aceptarlo como nutriente para la conformación de una sociedad más equitativa, pues ello es imprescindible; siendo de esa manera, que lo apoye sí, pero no con dadivas y subvenciones sino con la construcción de una educación responsable en todos los niveles.

Sin embargo, para que esta aventura adquiera sentido tendríamos primero que producir un arte diferente y no necesariamente en estilos o corrientes, sino en compromisos, es decir tendríamos que apostar por un arte con otras responsabilidades por encima de aquella de ser sólo alimento de las industrias culturales y su voraz mercado.

Algunas palabras para el libro *Bronce en Plenitud* de Jorge Marín

(Lejos de la gratuidad como sinónimo de democracia)[87]

El libro *Bronce en plenitud* (2017), que fue presentado en las instalaciones de El Cubo del Centro Cultural Tijuana, este pasado miércoles 7 de junio, en una mesa de personalidades diversas en la que participaron Elena Catalán, coordinadora de logísticas expositivas y promotoría del Estudio Jorge Marín, Javier Villarreal, crítico y curador de la producción del escultor referido y autor de uno de los textos del libro, ambos de la Ciudad de México, así como Eduardo Lozano, curador independiente y director de Periférica, y el que esto escribe; después de las presentaciones protocolarias, del mensaje de los representantes del Estudio del escultor homenajeado y de las explicaciones de las razones de obsequiar el libro a todo asistente al evento, un acto inusitado sin lugar a dudas, así como el aclarar que el objetivo de tal acción fue específicamente el hecho de hacer más democrático el arte a través de esta medida.

El acto se desarrolló sin contratiempos y si bien lo expuesto provocó cierto escepticismo en relación a la idea de la democratización del arte, hubo una respuesta incipiente del auditorio, y no sé si fue porque esto los haya tomado desprevenido o por la satisfacción de tener entre sus manos un preciado libro de arte. Un aspecto que retomaré al final del texto que presento a continuación, el que preparé para la presentación a la cual fui invitado y que finalmente, los coordinadores del Estudio Marín, cambiaron por este modelo de diálogo y respuesta a una serie de preguntas propuestas por ellos y que en cierta forma resultaba interesante pues rompería un poco con la tradicionalidad de hablar de un libro que posteriormente sería leído. Con todo, anexo esta reseña del libro para quien no pudo acudir al evento, en espera de acercarlos a la producción de este

---

[87] Texto para la presentación del libro *Bronce en plenitud* de esculturas de Jorge Marín, Cecut, 2017

escultor exitoso, criticado fuertemente por unos y alabado igualmente por otros y cierto es, bendecido por las preferencias del sistema; sin que ello implique, aclaro, desestimo de su producción controversial.

Un libro editado de manera impecable bajo el auspicio de la Secretaría de Cultura, la Cámara de Diputados (LXIII Legislatura) y la Fundación Piel de Bronce, A. C., que contempla, la producción escultórica de Jorge Marín realizada entre el 2005 y el 2016, que en este caso conforman un total de 34 obras vaciadas en bronce a la cera perdida y una de las piezas en resina; Un gran reto por el número elevado de obras y todas las implicaciones técnicas y logísticas que conlleva, que van desde la idea preconcebida, el boceto, el modelado o cualquier método empleado para su realización y el vaciado; lo que implica y como han de suponer un arduo trabajo.

Un libro que da la bienvenida con un *close up* esplendido que realiza Luis Armando Rodríguez Garza de la obra "Fuerza de gravedad" (2016); seguido del prólogo de Sandra Lorenzano que titula: *Entre la tierra y el aire, nuestro propio rostro*, que la autora propone a partir de los elementos: aire, tierra, agua y fuego, los que entrelaza con las obras del autor y correlaciona con alegorías que brotan particularmente de la mitología griega. Vincula así, el aire con las posibilidades que otorgan las alas de los personajes creados por Marín, desde su liviandad, el acto de flotar y toda la poética que implicaría el hecho de volar; el agua, homenajeada por Marín con las barcas que atraviesan nuestro espacio visual, que rompen con la inercia y transportan; la tierra, como origen y raíz, así como el lugar a donde habrá de volver al fenecer; y del fuego, que permite la alianza matérica y el moldeo del bronce con el que conforma sus piezas; pero también éste último como elemento mitificador de nuestra raza, cual metal mestizo, a decir de Carlos Fuentes según la prologuista, o la raza de bronce, la quinta raza, agregaría, aludiendo a José Vasconcelos. Entre estos elementos, escribe la autora, está "el camino por el que nos lleva Jorge Marín" (p.19).

Un texto en donde las obras consumadas para el presente, las encuentra ligadas al pasado, que ante el ánimo de la correlación y la buena voluntad, devela las emociones que provocan las obras de Jorge Marín en Sandra Lorenzano; palabras que discurre en una finísima línea de aproximaciones no siempre convincentes, a veces forzadas a una analogía poco clara; pero que con acertada razón reflejan lo que el escultor puntualiza "Me gusta que con mi obra se dé un dialogo muy íntimo: esa suerte de espejo donde tú mismo reflexiones sobre tus miedos, tus deseos, tus fantasías..." (pp.22, 23).

Otro texto aproximativo a la obra del escultor es el ensayo de Lily Kassner titulado: *Jorge Marín o el ser en plenitud del ser*, que "concibe como una celebración del evidente dominio de los recursos artísticos y de las técnicas requeridas que ostenta la obra magistral realizada los últimos años por Jorge Marín..." (p.131). En él describe la belleza proverbial y misteriosa que otorga el artista a la figura masculina, a las que Kassner atribuye "cualidades divinas o casi bestiales" (p.132), las que al proporcionarles alas nos las ofrece en un despliegue angelical ¿o demoníaco? "Seres ambiguos, puesto que también podrían pasar por emblemáticas entidades protectoras, [que] se presentan de igual manera como una temible y poderosa especie de pertinaces guerreros e insaciables predadores" (pp.133, 134).

Personajes de expectante actitud, vueltos enigma cuando les adosa un antifaz o una máscara picuda y la autora correlaciona con la alegoría náhuatl del dios del viento (Ehécatl), el que sopla a través del pico de la careta y con su aliento inicia el movimiento del sol, anuncia y hace a un lado la lluvia, y trae la vida a lo que está inerte, o bien, liga a la Comedia del Arte (una forma de teatro italiano de la improvisación), con el que representan el drama o la tragedia. Lecturas propiciadas por las emblemáticas figuras de Marín sobradas de misterio; no obstante que, para el escultor, con el uso el antifaz busca una clara intención de objetivar. "Al cubrir la cara de mis personajes intento despersonalizarlos y dejar como único medio de expresión el cuerpo símbolo universal por sí mismo..." (Marín, p.146). Sin embargo, no con ello cierra las posibilidades de la reinterpretación, el propio autor conmina a ello.

Lily Kassner, hace también mención de las figuras fragmentadas, habla de lo fortuito de su origen y la cercanía que encuentra entre ellas y el Expresionismo alemán. Describe las propuestas ecuestres, las esculturas marineras (como designan las obras en las que Marín incluye canoas o embarcaciones); así como las piezas que representan una diversidad de personajes en plena acción de juegos circenses o gimnásticos, las que detalla y destaca sus cualidades. Casi al cierre de su ensayo se pregunta cuál ha sido la función de la escultura, hace un repaso de la historia de este género, habla de su función pedagógica o didáctica para ilustrar a las masas particularmente en el ámbito religioso, y hace mención de su papel ornamental.

La autora menciona entre los antecedentes de la producción de Jorge Marín, la estatuaria griega y ejemplifica con la escultura el Auriga de Delfos (474, a. C.), uno de los pocos bronces griegos existentes, el que dada su verticalidad y cualidades técnicas del drapeado de la vestimenta ceñida al cuerpo por correas, asocia con algunas obras de Marín, y el Discóbolo (450 a. C.) cuya cualidad cinética y el extraordinario equilibrio, emparenta "con toda proporción guardada" subraya (p.150). Así también encuentra cercana la propuesta de Marín a Augusto Rodin y a su discípulo Antoine Bourdelle, y declara la análoga intencionalidad subyacente entre Rodin y Marín y enfatiza en que "no obstante la sabiduría anatómica de la que hace alarde, sus figuras carecen de lógica en cuanto a proporciones, pues éstas sólo están justificadas por las exigencias de la emoción o el sentimiento correspondiente y las características psicológicas que plasmó, utilizando la dinámica del cuerpo humano según su propio criterio estético, para los fines artísticos que se propuso y logró ampliamente" (p.154).

En este sentido, agregaría, la perfección -matemáticamente hablando-, vuelve con frecuencia rígida e inexpresiva la representación pues relega lo emotivo que deriva de las aproximaciones y la intuición; razones (la perfección y la rigidez) de las que se desentienden las obras de Jorge Marín y que en tal ausencia los trabajos de este autor nacidos de la sagacidad, emocionan y generan empatía.

Es un texto amplio con muchos ejemplos y poco sustento, el que se ve debilitado también por las similitudes que propone entre el autor laureado y sus referentes que no convencen del todo, en el que pesa la plena identificación del crítico, su gusto y entusiasmo con la obra que analiza y ello reduce la visión neutral que dé cabida a las subjetividades también del lector; pero tampoco es obligado que sea de otra manera, el propio Jorge Marín anima a que sea el espectador el que asuma su responsabilidad interpretativa y con ello se justifica.

Y finalmente un excelente texto a dos voces escrito por Alesha Marcado y Javier V. Villarreal, que titulan: *El instante perfecto*, aludiendo al espacio urbano que da albergue a la obra de Marín y su correlación con él, y enfocan sus reflexiones en particular a cuatro obras, no a tres como menciona Alesha, en las que la escritora refiere "que despliegan algo íntimo abriendo la posibilidad a que las historias se multipliquen. [...] con capacidad de producir situaciones y lugares, y como tal, generar un entrecruzamiento de experiencias" (p.159). Obras que hablan de la transformación de los procesos creativos del artista, en las que encuentra "un gradual distanciamiento de los cuerpos angelicales y perfectos para tocar el alma a través de formas más humanas", con las que reproduce, escribe la autora, un ambiente propicio para la contemplación y el disfrute del entorno urbano. En tanto que Javier Villarreal, considera que Jorge Marín aborda la calle "conformando obras que apelan a una estética conjunta entre símbolo y ciudad, un nuevo hábitat propicio para la imaginación, la indagación y el juego" (p.160). Insisten en su importancia como componente estático y estético de una urbe cambiante, en constante movimiento, obras que bien pueden leerse como remansos visuales, que seguramente, puedo suponer, atemperan la explosiva dinámica citadina y conminan a la reflexión.

Una de las obras: *El ruido generado por el choque de los cuerpos* (2016), compuesta por tres cuerpos que permanecen de pie dentro de una embarcación cubiertos cada uno con telas a manera de un sudario que dibuja muy bien su figura y deja al descubierto los pies, generan incertidumbre, pues ocultan lo que ya sabemos y revelan desasosiego. "Esta obra, nos dice Villarreal, trasciende la habitual naturaleza ideal de los cuerpos que han dado fama a la obra de Jorge Martín" (p.164), para acercarnos a una relación estética más apegada a lo sublime, entendido como aquello que estremece más allá de nuestros gustos.

Camino nuevo (2016), es una obra compuesta por una esfera y un ala. "Un ala postrada en el piso, refiere Alesha Mercado, puede no significar una derrota, simplemente tratarse de un nuevo comienzo" (p.171). Una obra incierta para Villarreal, "una ala completamente aterrizada, plantada, de la forma más literal, sobre la tierra" a manera de restos arqueológicos, como vestigios de un algo que fue y hoy es memoria, aferrada a no quedar en el olvido.

Balsa Tierra (2016), "Una obra de múltiples opuestos, refiere Villarreal, tierra, cielo y agua juegan simbólicamente en un mismo conjunto" (p.177), la balsa representa el agua, la tierra el hombre en cuclillas y el aire, al ser alado. "Tres instancias... [...] tres distintas formas de tránsito y de habitar el espacio" (p.179).

Intercambio de contenidos (2016), "Aquí, apunta Alesha Mercado, hay un diálogo secreto [...] aquí, se lleva a cabo un diálogo en muchos niveles: voz con voz, cuerpo con cuerpo y mirada con mirada. No hace falta decir mucho más" (p.183), y que según Villarreal, "apunta a lo fundamental del proceso de intercambio de comunicación, para llegar a entendimiento. [...] la escultura media, simbólicamente, nuestras distancias internas: la balsa es nuestro cuerpo, un espacio que espera ser ocupado; los dos personajes, nuestras voces interiores que dialogan entre sí, se descubre, nos descubren, arrinconados en un espacio de nuestra mente." (p.187).

Un libro en el que se hace el recuento de una parte de la amplia producción de Jorge Marín, en donde es posible detener la mirada y disfrutar las espléndidas reproducciones fotográficas con sus magníficos acercamientos que incitan al tacto, tal como seguramente sucedería al entrar en contacto directo con las piezas; una cualidad, por cierto, que le otorga la tridimensionalidad, así como el frío y eterno metal envejecido por las patinas. Singularidades que provocan, atraen y atrapan, cuerpos que con su atavío y antifaz comulgan con el misterio, tal se ha dicho; en donde la habilidad representacional lleva a la figura de la movilidad al equilibrio, de la contorsión a la lasitud, de las figuras que se yerguen casi hieráticas a las que contemplan en cuclillas; solitarias o en su conjunto siempre enigmáticas y silentes, que sólo encierran suposiciones, las que nacen de las inquietudes del que las contempla.

Obras que provocan los sentidos y emocionan, para eso están hechas; no hay en estas piezas intenciones de relatar hechos históricos, y toda narrativa que se desprende de ellas, cierto es que remiten a un juego de nostalgias, no son tampoco aforismos. Jorge Marín, se vale de la reinterpretación de los símbolos que ha manejado la humanidad por miles de años, así nos lo deja saber, y los reajusta para hacer un lenguaje propio de cada espectador (p.69).

Un libro esplendido, se ha dicho, pero que al ser presentado bajo la rúbrica de la gratitud, del regalo y esto como un gesto o una forma de democratización del arte, resulta un argumento con muy poco sustento para aceptar como válida tal premisa y no es para menos, pues quien patrocina: un organismo oficial de cultura y otro la Cámara de Diputados, provocan desconfianza, sobre todo este último gremio que ha dado muestras reiteradamente de su desconocimiento de la cultura, de su servilismo al partido que lo postula y no al pueblo a quien supuestamente se debe, de su actuar sin escrúpulos vendiéndose al mejor postor, haciendo del espacio oficial donde sesionan un chiquero en donde lo que predomina es exactamente la ausencia de democracia, y ante actos así, inexorablemente, se siembran dudas.

Una acción "generosa" que cuesta trabajo creer en su bondad y como consecuencia provoca interrogantes, los que van desde el hecho de quién y por qué se seleccionó a tal autor y no a otro u otros para una edición colaborativa (que a fin de cuenta resultaría más democrática). Un acto que por bien intencionado que sea resulta difícil entenderlo como tal, cuando se dice que hubo un tiraje de tres mil ejemplares, que para una acción masiva democratizante como se pretende, este número resulta menos que significativo. Un autor célebre y rico en su área ¿por qué habría de prestarse a este juego? que si bien es generoso resulta poco convincente en su pretensión.

Seguramente pensarán que siempre nos quejamos, que si ni nos dan, ¿por qué no nos dan, y si lo hacen ¿por qué lo hacen? y hay harta razón en ese reproche; más aún cuando el acto generoso de dar se ampara en la idea de la democratización, esto por ninguna razón debería cuestionarse, sólo agradecerse y divulgar la buena voluntad; pero cuando este accionar proviene de un donador poco usual y de dudosa reputación, que además, se lleva a cabo en circunstancias nacionales políticas, sociales y económicas críticas como las que vivimos en la actualidad, y cuando el descredito de estos organismos (ganado a pulso por ellos mismos) parece ser su condición natural; el regalo, aun cuando sea con la mejor intención del mundo, no dejará de causar suspicacias.

La cultura es un bien de todos y para todos, el arte cuando es patrocinado por organismos públicos también adquiere esas connotaciones y compromisos, nunca ha de ofrecerse condicionado pues de lo contrario sólo reluce la instrumentalidad del mismo y merma sus valores prioritarios.

Un vistazo a la abstracción
(*A propósito de las obras de Álvaro Blancarte*)[88]

Me he de remitir a la historia de la abstracción con el único fin de dimensionar su evolución, las formas varias en que ha sido explorado, sus momentos de gloria, decadencia y vuelta a escena; todo con el objeto de entender del reto que significa su abordaje hoy en día y de esa manera, también, valorar lo que este artista bajacaliforniano produce, que finalmente es el motivo del libro hoy vengo a presentarles.

En las postrimerías del Impresionismo y el apogeo Postimpresionista en la década inicial del siglo, antes de la aparición del libro *De lo espiritual en el arte*, de Vassily Kandinsky publicado en 1912, en el que predice que la pintura evolucionará en el sentido abstracto, encontraremos las primeras manifestaciones de esta tendencia ya evidentes en la obra de algunas autores como en las del lituano Mikalojus Konstantinas Ciurlionis, del belga Joseph Lacasse, y las primeras obras no figurativas de Abraham Valkovitz y Francis Picabia, incluso pueden encontrarse obras de este género en la producción de los contemporáneos estadounidenses Arthur Garfield Dove y Max Weber.

Aparecerá en esa misma época el Rayonismo ruso con su fuerte carga abstracta planteada por Mijaíl Larionov y Natalia Gontcharova, expresiones de vida breve y poco impacto ante la preponderancia de la figuración y el replanteamiento de la percepción de la realidad que imponía el Cubismo. Sin embargo, comienza a perfilarse la abstracción geométrica, el florentino Alberto Magnelli y el alemán Georg Muche serán ejemplos de ello, tanto como Jan Arp y Sophie Taeuber con sus esculturas, bordados y collages abstractos, y ya en el apogeo de la nueva esperanza socialista adquiere particular importancia con el Suprematismo de Kasimir Malevitch y seguidores.

---

[88] Texto para la presentación del libro *Álvaro Blancarte. Vigencia de la materia*, en la Feria del Libro en Chihuahua, Chi., 2017.

De ese contexto impregnado de liberación emergerá el Constructivismo, un movimiento sobrado de originalidad en el que veremos descollar la figura emblemática de Vladimir Tatlin con sus relieves abstractos, las esculturas no figurativas de Naum Gabo y su hermano Antoine Pevsner, así como las pinturas abstractas de Lissitzky.

Mientras se gestaba la primera gran conflagración en Europa reinaba el optimismo futurista de Marinetti, y el Dadaísmo proponía un rechazo total a todo lo establecido. El progreso modernista era puesto en tela de juicio frente la barbarie bélica.

La abstracción geométrica encontraba reacomodo en el Neoplasticismo Holandés y en la escuela alemana de las Bauhaus. Al cierre de la década de los veinte aparece el Unismo propuesto por el polaco Vladislav Strzeminski como una pintura absolutamente pura que encontraba en la abstracción y en el efecto espacial de los planos de color, su razón de ser. El arte concreto formulado por Theo van Doesburg en la década de los treinta que propone formas y relaciones meramente geométricas, sin ninguna analogía con la realidad visible, que según los postulados publicados en la revista *Art Concret*, tiene que ser preconcebida en la mente y ser realizada tan precisa, impersonal e inmaterialmente como sea posible.

Mientras en la Europa de la postguerra, la Abstracción lírica con Georges Mathieu a la cabeza perseguía la no autorrepresentación mediante una pintura asentada en lo aleatorio, la rapidez y carencia de todo gesto; muy cercana a ella, aparecía el Tachismo representado por Hans Hartung, Pierre Soulages, Jean Fautrier y Wolfgang Shulze "Wols", en el que priman lo brochazos y las manchas de color; expresiones que desembocarán en el Informalismo o el Arte otro, que más tarde tendrá, en lo matérico, excelentes representantes como Antoni Tápies y Alberto Burri.

Al mismo tiempo, pero en un contexto completamente opuesto, en la América victoriosa, particularmente en los suburbios neoyorquinos, el Expresionismo abstracto y la Pintura de acción, abrigados en el discurso sólido y complaciente de las plumas de Clement Greenberg y Harold Rosenberg, principalmente, y el respaldo —sin cortapisa— del sistema, a decir por Serge Guilbaut, robarán la idea del arte moderno a Europa.

Con todo, será el momento culminante de la pintura formalista, el mundo plástico se volcará por esta tendencia y en los países desterrados de los consorcios hegemónicos lo remedarán creando sus versiones alimentadas de las experiencias de sus propios contextos, el geometrismo brasileño, el venezolano y el uruguayo por igual, así como la generación de La Ruptura, son ejemplos, quizá, de entre los más recordados.

En los estertores de la Abstracción postpictórica y el Op art tomará su lugar protagónico el Minimalismo y con la premisa de la desmaterialización del arte, la pintura será relegada a términos ínfimos; para resurgir décadas después enfundada en una poco convincente originalidad. La abstracción de nuevo estará presente alentando esta odisea, los grupos franceses BMPT y Support / Surface, bajo el pretexto del anonimato y dándole relevancia al pigmento y al soporte harán su aparición fugaz, y al cierre del siglo la veremos reinventarse con el recurso de los neos: el Neo-geo o neoabstracción y en algunos autores de la Nueva Escuela de Leipzig, como ejemplos pertinentes de este resurgimiento.

Este extenso y probablemente tedioso recorrido de este género pictórico, es muestra de su alta significación en la historia del arte y la odisea de su dilatada carrera con sus innumerables exponentes más allá de los consagrados por el duro mercantilismo de la cultura; así como por el reto que implica el abordarlo y la dificultad que conlleva personalizar un discurso que se aleje de la medianía para que éste, no quede soterrado en la indiferencia.

De todo esto puedo decir que el detonante para esta amplia explicación fue el ejercicio plástico de Álvaro Blancarte, pormenorizado en este libro en el que encontramos sus planteamientos figurativos, como también su posicionamiento abstracto, que nos permite constatar, cómo fue asumido con una responsabilidad diferente; es decir, en el proceso evolutivo dentro de esta tendencia es manifiesta la búsqueda por encontrar una línea que marque la diferencia, recorre así la geometría en sus inicios y se desembaraza parcialmente de ella, para volcarse al drama matérico el que en un recreación lúdica (si vale la expresión) apela a las yuxtaposiciones y recargamientos de texturas, configuradas con un conglomerado de polvo de mármol, agua, aditivos y color; mezcla que sumergen al espectador en su ilusionismo. La dramática dinámica en la ejecución, evidente en las heridas infringidas al lienzo o en los esgrafiados que dejan entrever otras capas cromáticas, que en confabulación con el acumulo o el estallido de pigmentos terrosos, remarcan su riqueza textural como componente básico; no obstante, trasciende su estado de soporte y volumen para entablar —a través de las sensaciones que despierta— un diálogo de insinuaciones con el espectador.

Obras que anidadas en el germen de la modernidad crecen y se sobreponen al abultado número de tendencias surgidas en la postmodernidad y ejemplifican la fuerza rotunda que como objeto simbólico, adherido al goce estético, tiene aún la pintura.

Una producción vasta, de obras intensas que retan a la contemporaneidad a ser consideradas desde su justo contenido, no para ser ponderadas como punta de lanza, sino para ubicarlas en la dimensión que por justicia merecen.

Mucho se ha escrito explicando, justificando o denostando esta tendencia y existen sus razones, no hay duda; su aparición en el siglo pasado marcaría un cambio radical en el arte, pues suponía una forma nueva de enfocar la creación independientemente de toda realidad visual, anteponiendo la intuición y el análisis al remedo, al facsímil. Para la modernidad, explica Díaz-Obregón, (2003:124)[89], el arte abstracto fue el prototipo del arte universal porque no hablaba de fronteras y le permitía integrar la mayor cantidad de estilos, transcendiendo lo racial y lo popular; de igual forma, nos dice Guilbaut (2007:43)[90], la ausencia de narrativas aunadas a la falta de contenido político, contribuirán a su rápida aceptabilidad; sin que con ello desestimemos el hecho de aceptar que el arte abstracto, como lo plantea Meyer Shapiro (1978:195)[91], es más una experimentación que un logro definitivo, y esta puede ser una de las causas más fuertes por la que perdura su fascinación.

Un hecho es real, las infinitas posibilidades de construir dentro de la abstracción, permiten a cualquier comprometido en la búsqueda expresiva, crear su propio discurso, no obstante en el maremágnum de ejemplos que la historia nos ha mostrado, permanecen aquellos que han sabido anteponerse al remedo, que ha arriesgado en el juego de otras formas expresivas, dándole nuevas voces a la abstracción; así veo la producción abstracta de Álvaro Blancarte, hoy ya un bastión sólido de la creación fronteriza, lo que hace entrever su permanencia en el imaginario de futuras generaciones.

¡Que así sea!

---

[89] _Díaz-Obregón Cruzado, Raúl. (2003), *Arte Contemporáneo y Educación Artística: Los valores potenciales educativos de la Instalación. Madrid.* Universidad Complutense de Madrid.

[90] _Guilbaut, Serge. (2007*), De Cómo Nueva York Robó La Idea De Arte Moderno. Madrid*, Ed. Tirant Lo Blanch.

[91] _ Shapiro, Meyer (1978), Modern Art: 19th and 20th Centuries. New York. George Braziller.

Testimonio de perseverancia
(Resumido en el libro: Las cuatro estaciones del muralismo de Raúl Anguiano)

Una sociedad justa sólo puede entenderse en la medida de reconocer su pasado, de reivindicar el pensamiento y las obras de quienes con su atrevimiento contribuyeron con los cimientos de nuestra estructura social y en lo que somos; el libro testimonial construido con la investigación, como es el caso que a continuación reseño, es el instrumento con el que se reafirman estos esfuerzos y se vuelve memoria imprescindible que aporta a la edificación del presente.

Las cuatro estaciones del muralismo de Raúl Anguiano, es el título de un libro significativo a todas luces, dedicado amorosamente por Brigita Anguiano a su esposo, amigo y compañero el Maestro Raúl Anguiano, y el producto felizmente realizado con empeño y entera dedicación bajo la edición de la propia Brigita Anguiano y Lynda Anderson, la coordinación editorial de Laura Mendoza Reinert, el diseño gráfico de Claudia Reinert, la traducción de Gonzalo Vélez y Gus Valdéz, impreso por Rush Press, Inc., en el 2014 en San Diego, California, USA.

Contiene en sus 217 páginas, un prólogo de Gregorio Luke, así como un prefacio, la introducción y el cuerpo teórico desarrollado en seis capítulos a cargo de la Dra. Dina Comisarenco Mirkin. Autores que tienen el privilegio de compartir algunos momentos de su vida con el artista lo que ello implica la cercanía y veracidad de las evocaciones vertidas, y en el caso de la Dra. Comisarenco, sumar a esa amistad, conversaciones, sucesos y las revisión exhaustiva de la producción pictórica, elementos que contribuirán a la construcción de los juicios de valor que en el libro se emiten respecto a la obra mural del autor en cuestión.

Un prólogo débil titulado Raúl Anguiano: Quijote del Muralismo, salpicado de anécdotas, algunas fútiles, donde se hace un recuento breve de su experiencia dentro del muralismo desde sus inicios en 1934 en la ciudad México, hasta el último mural que realizaría en el 2003 por encargo del Gobierno de la República para la Secretaría del Medio Ambiente y Recursos Naturales, que el pintor titulará Preservación de la naturaleza, en donde éste da cuenta de su amor por

174

el medio ambiente, la destrucción y el compromiso de su conservación. Un introito débil, limitado a describir someramente algunos aspectos y que por tal abonan poco al punto central del libro, una introducción que aflora el compromiso de escribirlo sin que medie conocimiento o reflexión alguna respecto al tema; que puede obviarse sin que menoscabe en absoluto al contenido del libro.

Un prefacio, otro, de Dina Comisarenco, también anecdótico, que prodiga admiración y agradecimientos, que nos lleva a la introducción del recorrido que hará la escritora en torno a la producción muralista de Raúl Anguiano. Un camino que disecciona para su estudio en dos tiempos, en el primero incluye el marco personal y artístico del Maestro, el que aborda a través de una breve reseña de su vida y obra, así como los inicios del movimiento muralista mexicano como un contexto histórico referencial, imprescindible para el abordaje del estudio de la obra del autor referido. Y en un segundo tiempo que condensa el corpus crítico, lo dedica al estudio de las etapas del muralismo del Maestro, el que divide en cuatro capítulos metafóricamente correlacionados con las estaciones del año (de donde emerge el título del libro) y el ciclo de la vida, que para la autora implica el nacer, formarse, madurar y envejecer, todo ello a manera de un juego alegórico de analogías con la extensa producción mural de Anguiano.

En el primer capítulo titulado: *Marco referencial y artístico del Maestro Raúl Anguiano*, la autora nos conduce a través de un recorrido vivencial que da cuenta del año y lugar de nacimiento del autor, del entrenamiento artístico profesional que inicia en su natal Guadalajara, hasta su traslado a los 22 años de edad a la ciudad México. Lugar donde se integra rápidamente a la febril actividad artística bastante influida por la efervescencia política de ese entonces; así como su unión, a los pocos años de su arribo, a la mítica Liga de Escritores y Artistas Revolucionarios, la que en 1940, año de su disolución, algunos de los miembros y la colaboración del maestro Anguiano pintaron el mural del emblemático Centro Escolar Revolución (en ese entonces ejemplo de la visión educativa socialista del México cardenista).

Se hace mención de su desarrollo artístico el que se verá enriquecido con la activa participación en agrupaciones que serán claves para el desarrollo de un arte de profundas raíces mexicanas, como el Taller de la Gráfica Popular (1938), en el que participa un importante número de artistas hoy ya figuras paradigmáticas como Leopoldo Méndez, Javier Guerrero, Pablo O'Higgins y Alfredo Zalce, entre otros, y el Salón de la Plástica Mexicana del que formaban parte los pintores más representativos del México moderno.

Será, por un tiempo, también integrante del *staff* académico en la Escuela Nacional de Pintura, Escultura y Grabado La Esmeralda, así como de la Escuela Nacional de Artes Plásticas de la Universidad Nacional Autónoma de México.

Un hombre volcado a su producción plástica y entregado a toda actividad que contribuyera al prestigio del arte mexicano. Forjador de una carrera vertical que suma en su recorridos innumerables reconocimientos de los que destacan la insignia José Clemente Orozco otorgada por el Congreso del Estado de Jalisco en 1956; la Medalla de Oro del Salón Panamericano de Arte en Porto Alegre, Brasil, en 1958; el grado de *Comendatore* de la República Italiana en 1977; y en 1988, el nombramiento como Creador Emérito del Sistema Nacional de Creadores de México. En el año 2000, es condecorado con el máximo galardón artístico del país, el Premio Nacional de Ciencias y Artes. En el año 2003, se inauguró el Museo que lleva su nombre en Guadalajara, Jalisco. En el 2006, en un reconocimiento póstumo, se le otorgará la Medalla Conmemorativa del Palacio de Bellas Artes, del Instituto Nacional de la misma institución.

Un capítulo 2, titulado: *Los inicios del movimiento muralista mexicano*, en donde la escritora hace un recorrido que contempla sus orígenes, fincados éstos en las culturas precolombinas, en la realidad social del México posrevolucionario y en la utopía vasconcelista del hombre universal, y que si bien la historia reconoce a José Vasconcelos como detonador y promotor del muralismo mexicano, la autora rescata del olvido y reivindica la figura señera del pintor Alfredo Ramos Martínez (1871-1946), director de la Escuela Nacional de Artes Plásticas y fundador, en 1913, de la pionera Escuela de Pintura al Aire Libre en Santa Anita, Iztapalapa, en la ciudad de México, donde se promueve la creación de un nuevo arte de corte nacionalista, que contempla temas relacionados con el pasado prehispánico, la población autóctona y el paisaje nacional; temas que serán retomados más tarde por los muralistas mexicanos como el espíritu de lucha que los abandera y justifica.

Reconoce también como antecedentes, por los temas relacionados con ese enfoque nacionalista, a Guillermo Murillo, José Guadalupe Posada y Saturnino Herrán, figuras sustanciales en la historia de la plástica que serán ensombrecidas por la fiebre creativa del muralismo mexicano. La historia hoy los reconoce por su grandeza y originalidad.

De la extensa lista de pintores que darán cuerpo al movimiento muralista: Roberto Montenegro, Ramón Alba del Canal, Fernando Leal, Fermín Revueltas, Jan Charlot, Carlos Orozco Romero, entre otros más, serán las figuras de Diego Rivera, José Clemente Orozco y David Alfaro

Siqueiros, las que trascienden logrando el reconocimiento internacional que le confiere la etiqueta de "Los tres grandes". Esta primera generación de autores que pugnaron por una obra monumental de propiedad pública, hará figurar el arte moderno mexicano en el panorama mundial; su influencia será evidente en las generaciones que le continúan, sin embargo será también obstáculo para el reconocimiento de los segundos; y cierto es que los temas como la reafirmación de nuestros valores culturales precolombinos y las preocupaciones de nuestra realidad nacional seguía estando presentes, la obra que se gesta en estas nuevas generaciones lleva implícita la ruta universal y los influjos de las tendencias vanguardistas que mostraban a un mundo diferente. De esta camada emergerá Raúl Anguiano.

En el capítulo 3, en cuyo encabezado se lee: *La primavera y el arte al servicio de la Revolución*, contempla una semblanza de los primeros pasos de la vida creativa del autor, su evolución templada en la práctica de géneros diversos sostenidos en el dibujo como entramado sustancial del grabado el que desarrolla en sus más diversas técnicas y de su obra profusa de caballete que comulga con diferentes estilos, la que finalmente se asienta en el expresionismo figurativo que lo caracterizará. Una producción donde el retrato femenino, los encargos complacientes y los temas diversos serán un cuerpo común; no obstante, sobresale la temática que evidencia sus anhelos de cambios y las preocupaciones por el México desprotegido, el interés por sus etnias soterradas en el más ingrato olvido desde antes y después de la Revolución. Una obra vital, que si bien hace rememorar los afanes del muralismo de la época vasconcelista, no deja también de insistir en la necesidad de reconocer esa realidad lacerante que estigmatizará al México moderno y al actual; pero también reconocer al país que se alza protagónico y orgulloso de sus raíces con un alentador porvenir.

Un periodo en el que veremos aparecer su obra mural como asistente de pintores como Jesús Guerrero Galván, Roberto Reyes Pérez, entre otros, que conformaban la Alianza de Trabajadores de las Artes Plásticas. Un tiempo en donde el espíritu de la política nacionalista con inclinaciones socialistas y anticlericales de Lázaro Cárdenas se reflejaba en las temáticas pictóricas, lo que originaba controversias y en muchas ocasiones, repudio y encono por los grupos sectarios ultraconservadores. Destaca la autora su paso posterior por la Liga de Escritores y Artistas Revolucionarios cuyos compromisos por un arte político y antifascista daban cuenta de su responsabilidad social; su participación en los murales del mercado Abelardo Rodríguez y del Centro Escolar Revolución, los de la Confederación Revolucionaria Michoacana del

Trabajo, son ejemplos de un periodo de aprendizaje y madurez, bastante influido por ese espíritu crítico, revolucionario y social referido.

El capítulo 4, *El verano y el descubrimiento del México precolombino*, describe como la atmósfera nacionalista de décadas pasadas empezaba en los cincuenta a suplirse por el universalismo imperante; las vanguardias históricas comenzaban a manifestarse, aunque tardíamente en el panorama creativo mexicano; el arte de la postguerra, particularmente emanado de las consignas del expresionismo abstracto norteamericano, tomaba posición en las generaciones rupturistas y daban cuenta de ello con mucha claridad; el mural que sobrevivía a estos cambios modificaba también sus temáticas. El interés por la fama adquirida tiempo atrás animaba a constructores, arquitectos y sobre todo a la fuerza empresarial a contratar los servicios del pintor para cubrir los muros con las proezas, quimeras y esperanzas de las instituciones y empresas. El mural que se demanda y se realiza en estas décadas, tiene otras connotaciones; desde mi apreciación, de abultada complacencia.

Raúl Anguiano, para este entonces con una vasta experiencia, participará activamente en este renacer muralista, sus temas de corte histórico-didáctico, generalmente productos del encargo serán alternados por una obra personal alimentada desde su juventud en aquella aventura de trabajo en la selva lacandona como dibújate de registros arqueológicos, y por el influjo nacido de la admiración, siempre manifiesta, a la temática mural de Diego Rivera. Una obra que seguirá reflejando nuestro pasado prehispánico y actuará como recordatorio del presente indígena en donde resalta sus valores, pobreza y dignidad, dando cuenta de la feroz realidad social, su marginación e indiferencia. En este apartado la autora ofrece un detallado y puntual recorrido por la extensa producción de este momento creativo de la longeva carrera del pintor.

El capítulo 5, *El otoño y el revisionismo histórico*, en plena madurez creativa en la década de los setenta y ochenta, seguirá manteniendo prendida la flama muralista y si bien habrán reminiscencias de sus temáticas anteriores y seguirán presentes sus recuentos históricos, ésta se verá enriquecida por los vaivenes de una sociedad preocupada por adecuarse a una modernidad galopante y la que veremos reflejar en tópicos universales de índole cultural y preocupaciones personales surgidas de lecturas y experiencias vividas en su recorrido por el mundo. El capítulo 6 o el cierre del ciclo que titula: *El invierno y el humanismo,* que la autora contempla en la década de fin de siglo al 2006, que marca el cierre de una vida de entrega y de trabajo hasta en sus últimos momentos, la que confirma con la creación inconclusa del mural que titulará: *La evolución del Instituto Politécnico Nacional a través de 70 años*. Un capitulo que subraya la entereza del hombre y el artista en la cima de la carrera y de su vida, forjada en un camino pedregoso, que con la experiencia a cuesta y un enorme entusiasmo realiza una decena más de murales de índole diversos en los que plasma su mirada del mundo, su entender de la naturaleza y la pasión por mantener a flote orígenes y desesperanzas en un anhelo por un mundo compartido y justo.

Un libro, un libro de arte, además, que como tal ya es hermoso y que también es testimonio del hombre, su obra y su tiempo; del anhelo, el sueño y la satisfacción de verlo consumado. Es memoria, sin discusiones, de la perseverancia y del convencimiento que el arte tiene suficientes razones para que se justifique como ejercicio que evidencia nuestras negligencias y avatares; pero también de recordatorio del compromiso por trazarnos rutas justas hacia la construcción de una sociedad crítica y emancipada.

El libro de Arte
(Entre la memoria, el pretexto y la realidad)[92]

Editar libros siempre ha sido una difícil odisea en nuestro medio, editar libros de arte (por sus costos) se hace mucho más dificultoso y cierto es que en las últimas décadas, en pleno apogeo de las discusiones sobre la muerte y desaparición del libro, vemos en el mundo culturoso un considerable incremento en la edición de este tipo de libros (sin hablar de las ediciones en línea, que ocupan un importantísimo lugar) y existen dos razones bastante claras para que esto suceda, la primera es que las instituciones culturales prestigiosas y ricas en el mundo siguen haciéndolo, por la memoria fundamental que ello significa y como comercio por la demanda que en su propia sociedad se fomenta y por ende consume; algo que en nuestro contexto no sucede y aun cuando la institución haga un gran esfuerzo por editar libros de esta naturaleza, es un hecho consabido que no recuperará su inversión y ello, desalienta a cualquiera y hace, en verdad, cada vez más espinoso o imposible estos procesos.

Y aquí también encuentro dos razones fundamentales para que esto suceda, una de ellas son los costos elevados como consecuencia de los tirajes escasos, incluso menores de 500 ejemplares, que vuelven los libros ediciones de "lujo" por sus costosos precios, y el otro, la pobre demanda, el consumo escueto de estos materiales; condición lógica en sociedades incultas y menesterosas como la nuestra que lee —como es sabido— menos de un libro al año y en donde la cultura es fomentada e inoculada a través de programas televisivos balines, el box, el futbol y en el mejor o peor (depende) de los casos por el Internet.

El segundo motivo que favorece la impresión de libros de arte son las innumerables editoriales (caseras y formales) existentes que de manera independiente realizan publicaciones como un negocio redondo por ser costeadas por los propios interesados en aparecer en dichas ediciones, Europa y Norteamérica fueron los primeros, hoy Sudamérica, particularmente Argentina, Brasil, y Chile, abarrotan el Internet con sus

---

[92] Texto para la presentación del libro Art Book, en la Feria del Libro, Tijuana. Cecut/Verano, 2015

ofrecimientos; a México llegó también hace algunos años esta modalidad. Y si bien el único requisito para aparecer en dichos libros es el pago por el número de páginas (e imágenes de la obra) que acuerden publicar a cambio de un par de ejemplares y la promesa (no siempre cumplida) de ser presentados en ferias internacionales de libros; los tirajes reducidos responden, estrictamente, al número adicional de libros que el interesado desee adquirir.

No es momento pertinente para poner en la balanza el valor de estas acciones o los resultados y alcances reales en aquellos que invierten en estas ediciones, sin embargo sacarla a colación fue únicamente para mostrar superficialmente el panorama en el que esta memoria fundamental, que es el libro de arte, se encuentra.

Con todo, editar libros bajo el rubro del arte es encomiable, por múltiples razones, ser memoria diría que es una de las más justas y es uno de los motivos que nos trae hoy aquí.

The Baja California Art Book (16 contemporary masters). Editado por Casa Valencia (Galería Baja San Diego), IMAC y el CECUT. Contiene un listado de 16 artistas plásticos de edades y experiencias diversas, en el que pueden encontrarse algunos ya con una reconocida carrera, hoy todavía cuesta arriba como Miguel Nájera, Alfonso Arámbula, Alejandro Martínez Peña y Martin Téllez; otros más, con un desempeño creativo ya reconocido en la región como Aida Valencia, Rosa Camacho, Xóchitl Franco, María Evangelina Rodríguez. Se suman también egresados de la Licenciatura en Artes de la UABC como Liz Vaillard y Alejandra Phelts, que ante la realidad muestran ya un panorama promisorio. Otros más que vienen marcando una ruta en ascenso como David Silvah, Héctor Herrera, Luis Alderete, Patty Roa y finalmente, están aquellos que dejan la emergencia para empezar a posesionarse del reconocimiento que seguramente irán ganado como Nuria Benítez y Ligia Santillán.

Un puñado de artistas de disciplinas diversas, donde es evidente el predominio pictórico, —tal vez— como consonancia a la tradición artística bajacaliforniana y otras áreas como escultura, cerámica y fotografía, diría del mismo modo, bien representadas.

Un libro, que como tal, no únicamente da presencia a un grupo pequeño de artistas de la comunidad, sino que se suma a otros compendios existentes para ir conformando esa memoria indispensable que cimentará el reconocimiento de la producción artística bajacaliforniana.

Quisiera decir que un libro de arte siempre es algo más que el opúsculo de imágenes que lo conforman, es el compromiso (de todo aquel que participa en él) que se adquiere como creador consigo mismo y con la comunidad para superarse y trascender con propuestas que superen lo emotivo que, como sustrato para el mercado, lleva a la producción de una obra insulsa (con sus salvedades).

El documento es la memoria de lo que fuimos y la responsabilidad de lo mejor que debemos ser mañana. De ahí que la nostalgia que se genere al volver a hojear sus páginas años más tarde, sea por el reflejo de un pasado superado. Si no fuese así, tiene poco sentido su razón de ser. Confiemos en ello.

Celebremos pues este libro por ser memoria, pero sobre todo por el compromiso de los alcances que tendrán sus autores el día de mañana.

Rubén García Benavides
(55 años de trayectoria artística, resumidas en un libro)[93]

Un bello libro de 216 páginas, planteado por Gabriel Trujillo, su antologador, en cinco apartados. El primero con el título de *Rubén García Benavides. El creador y el visionario,* donde presenta una semblanza detallada del origen y desarrollo creativo de su trayectoria artística.

Una introducción en la que se pormenoriza su llegada a estas tierras norteñas a mitad del siglo pasado, su incursión inicial en el arte, su inscripción en 1955, en la Escuela de Artes Plásticas José Clemente Orozco del Instituto de Ciencias del Estado y su egreso en la primera generación, en la que ya daba muestras de inquietudes estéticas por encima de las establecidas por otros artistas residentes en estos páramos del Norte.

Hace un alto en su labor docente tanto de la escuela que egresa como artista, como de la Facultad de Arquitectura de la UABC y desde su fundación, en el 2003, en la Facultad de Artes de la misma institución educativa, labor de la que todo aquel que lo conoce o que paso por sus aulas, corrobora su entrega y entusiasmo.

En cuanto a su desarrollo creativo, Trujillo lo expone en un amplio texto en donde se plantean las influencias que dan origen a su línea de producción. "Su tradición —escribe el autor referido— no pasa por el expresionismo alemán, el dadaísmo o el surrealismo. Sus raíces son otras: el futurismo ruso, el Bauhaus (sic), el arte abstracto, los objetos de la sociedad de consumo y del diseño industrial" (p.30). Una apreciación que no comparto pues estos referentes los encuentro completamente distantes la obra del autor en cuestión, particularmente el futurismo y lo que pueda derivar de la Bauhaus[94]. Ahí mismo también

---

[93] Texto para la presentación del libro Rubén García Benavides, 55 de trayectoria artística, en la FACULTAD DE Artes de la UABC, 2013.

[94] El futurismo (italiano) un movimiento antinaturalista, cuyos representantes expresaban la estética agresiva de la vida urbana, haciendo una apología del urbanismo y de las maquinas como reflejo único de progreso (futuro), asentando su fuerza en el dinamismo universal como principio artístico y que consideraban base del desarrollo del ser humano, y en contraste, su elogio por lo bélico como sanidad del mundo. Los futuristas rusos, al

da cuenta de las lecturas que algunos críticos nacionales (como Raquel Tibol, Armando Torres Michúa y Teresa del Conde) han externado sobre su obra. Finalmente se hace un análisis entusiasta de lo que podría ser su estilo y se da rienda suelta a las adjetivaciones y requiebros, centrados estos, en analogías poéticas sobre la luz, la atmosfera y la geografía bajacaliforniana.

Las 138 páginas siguientes resultan un muestrario amplio de imágenes que hacen evidente su evolución creativa y alcances estéticos. Capitulo subdividido en tres periodos el que inicia con el título de *Búsquedas* y que sitúa entre 1961 y 1974, los que considera años de formación, aprendizaje, y de absorción de estilos. Un segundo periodo que etiqueta de *Hallazgos* y que ubica entre 1975 y 2012, años –escribe su biógrafo- de visión, madurez y de consolidación de un estilo propio. Y un tercer apartado que titula *Parientes cercanos,* el que emplaza entre 1998 y 2007, y que cataloga como años de transformación, de evolución y de regreso a los orígenes.

Ubicar en periodos la producción de un artista tan vasto como Benavides siempre será un gran reto para cualquier antologador o biógrafo, y ello es justamente porque su obra no sigue una línea vertical en su proceso evolutivo. Los artistas que abrevan de influjos diversos y aparentemente antagónicos a sus desarrollos estéticos hacen más compleja aun esa catalogación. Por tanto la lectura de la obra pictórica de este autor requiere conocer con precisión los objetivos que el autor persigue y propone. Aquellos que incluso, muchas veces han sido clarificados por el mismo autor en sus reflexiones y escritos; para así no desbordar las apreciaciones personales en ornatos que poco ayudan a comprender a cabalidad la obra madura de este autor esplendido.

Finalmente encontramos un capítulo de cierre donde se cronóloga su vida y trayectoria artística. Un capitulo orientador que muestra fotográficamente momentos íntimos del artista, que permite resumir ese largo recorrido y facilita, en cierto modo, la comprensión de los influjos directos de su contexto.

---

igual que los italianos, estaban fascinados por el dinamismo, la velocidad y la inquietud de la vida urbana moderna; buscaron deliberadamente causar escándalo y llamar la atención anunciando que repudiaban el arte estático del pasado. En tanto en la Bauhaus (una escuela, que no un movimiento) se planteaba franquear la barrera entre artesanía y arte, abocándose al diseño industrial y grafico incorporando una nueva estética qua dará pie al diseño contemporáneo y establecerán al mismo tiempo los fundamentos académicos sobre los cuales se desarrollaría las tendencias predominantes de la nueva arquitectura moderna; la pintura era un ejercicio común libre de prejuicios entre lo figurativo y lo abstracto que no estableció línea estética alguna para su distinción.

Un libro hermoso, no hay dudas, fundamental para el entendimiento y reconocimiento de una vida dedicada al arte, que ofrece un muestrario de imágenes que acercan al lector a una de las manifestaciones plásticas hoy ya emblemáticas de Baja California. Un extenso opúsculo de imágenes que hacen posible, no únicamente un acercamiento a sus pinturas, sino hacer una lectura, me atrevería a decir, bastante precisa de sus alcances estéticos.

Una producción pictórica dilatada fruto de las influencias de la vida y contexto, de sus lecturas puntuales, de sus acercamientos y revisiones de artistas, obras y corrientes, que lo impactan y ayudan a dimensionar sus propuestas. Atribuciones que se vuelven visibles en su pintura y permiten reconocer su evolución, así como entender el sustrato del porqué esta obra descolló desde temprano en la originalidad.

Obras que dejan ver tanto los influjos posimpresionistas, como las bases que emanan de la abstracción postpictórica (de Ellsworth Kelly, Richard Diebenkorn, Kenneth Noland) alejada de la gestualidad y cualidades matéricas del expresionismo abstracto, como el mismo Benavides reconoce en sus escritos y que se hermanan en el silencio como cualidad estructurante de ambos casos.

Piezas que bajo el pretexto de la horizontalidad se afianzan de la síntesis, no de la tridimensionalidad minimalista de Donald Judd, Sol LeWitt o Carl André, sino del minimalismo pictórica del mismo Kelly y tal vez, del feliz encuentro, (como el propio artista reconoce) con la obra neoplasticista de Piet Mondrian, aquella que en el empeño por la búsqueda de la estructura básica del universo eliminó la curva y todo lo formal, refugiándose en estructuras y colores primarios que al final sintetiza en una belleza sucinta, ordenada y equilibrada valga la reiteración; condiciones que parecen describir a cabalidad muchos aspectos estructurales de la obra de Rubén García Benavides.

En cuanto al apego al paisaje y su reacción contra el deseo de reflejar fielmente a la naturaleza lo llevará —como a los postimpresionistas— a la búsqueda de una visión más subjetiva del mundo y en feliz concordancia con su enorme poder de síntesis (abstracción) sus obras se convierten en extensos planos de color que fragmentan el espacio y simplifican superficies; que en ocasiones franquea con senderos o autopistas y la más de las veces, con Marianas, y aquí, con estos elementos justifico mi insistencia en situar estos trabajos en el paisaje neorromántico, pues son obras que nos conminan a ver y entender la naturaleza rebasando la esfera de lo inconsciente y de lo racional; oponiéndose a la separación entre razón y sentimiento, entre lo real y lo irreal. Y que si bien se observan algunos acuerdos con la significación épica del romanticismo, en las obras de Benavides encontramos la afirmación de una identidad local (por la horizontalidad de valles, planicies y la luminosidad de sus atmósferas) y en donde además, las mujeres plasmadas no están felizmente perdidas entre el reino natural en la búsqueda de una armonía integradora con todos los elementos vivientes, tal como lo perseguía esa vieja corriente referida[95]; están integradas sí, a la naturaleza, algunas en cierta forma subliminal o intensamente protagónicas bajo la propuesta o consigna del autor de actuar como provocaciones (García Benavides, 2007:98)[96]. Aquí, la naturaleza es una voz más en la pluralidad dialógica de lo existente.

Mi obstinación de ubicar el paisaje de este autor en el neoromanticismo, sólo pretende ser una referencia más que consienta un mejor entendimiento de su abordaje estético; admito que circunscribirlo a una corriente determinada resultaría coercitivo; sin embargo, existen condiciones que a mi parecer lo hace irrefutable: la feliz concomitancia de sus características.

Y volviendo pues, a lo que hoy nos trae aquí y nos atañe. El valor de este libro es ser memoria que reconoce y en ese sentido no hay una sola objeción, sino al contrario, agradecimientos y esperanzas, las que esperamos ver también fructificadas en testimonios de otros valiosos autores de la región, y como corolario —insistiría—, en que es un material que da pauta también a interpretar y reinterpretar, desde ópticas distintas, la apuesta estética de este grandioso pintor bajacaliforniano.

---

[95] Como ejemplo véase las obras del pintor romántico alemán Friedrich Casper David (1774 –1840): *Monje a la orilla del mar* (1808), *Arco iris en un paisaje de montaña* (1809–1810), *El caminante sobre el mar de nubes* (1817–1818), con sus personajes anónimos, sombríos, empequeñecidos ante lo inconmensurable y sublime de la naturaleza en busca de la armonía que le permita fundirse en ella; plasmados, incluso, como metáfora visual de la disolución del individuo en el «todo» cósmico.

[96] El autor describe en su libro *Blancos Móviles*, que inclusive "una obra geométrica de Piet Mondrian, podría ser el espacio idóneo para que Mariana, Lubina, Julia o Eréndira, encuentren su marco apropiado, su ventana personal, para exhibir su desnudez insólita, sospechosa, el lugar apropiado para que las hombras de mi pintura logren en el espectador la provocación de sus sentidos y su alma". (García Benavides, 2007:98)
_García Benavides, Rubén (2007). *Blancos Móviles*, UABC, Mexicali.

Bajo la Mirada de la Ceiba
(Una monografía imprescindible sobre la plástica tabasqueña)[97]

A la memoria de Férido y Fontanelly, amigos entrañables.

La pintura, intérprete de una historia exaltadora de odiseas, dramas y creencias; con una obsesión por el remedo de la naturaleza primero y un rechazo rotundo más tarde; justificándose como medio de expresión y negándolo después. Invariablemente protagónica, la pintura como un medio de valores encontrados: entre el dilema de su existencia, de su viabilidad y arcaísmo.

La pintura en su eterno reciclar, desde el reduccionismo de sus elementos formales (color y representación) en el suprematismo y más tarde en el minimalismo; el cuestionamiento de la institucionalización y fetichismo de la obra de arte con el *ready made* de Marcel Duchamp abriendo nuevos horizontes a la percepción del arte y por ende, la discusión sobre los valores de lo que él llamó: arte retiniano; la preocupación en los años sesentas por la desmaterialización de la obra de arte, dando inicio a la abstracción excéntrica para concluir en la antiforma, en donde los procesos cobraban mayor relevancia que el producto final; la desvinculación del arte de los centros convencionales de exposición con el *land art* y su irremediable retorno a ellos, hasta la aceptación de nuevos soportes como el arte corporal en su extensa significación; todo esto parecía insistir en la decadencia de un arte bidimensional que requiere del color, la textura y la forma para su existencia; sin embargo vemos, pese a opiniones fatalistas, el resurgimiento de la pintura, aún como acto panfletario manifiesto durante el activismo y la colectivización del arte en torno al Mayo francés del 68 y de nuevo su distanciamiento con el arte povera, pero es sin duda, lo imperativo del concepto como objetivo final del arte y la insistencia de Joseph Kosuth de crear nuevas proposiciones y no repetir formulas del pasado, la tendencia que parece alejarse en definitiva de la pintura; no obstante, dentro de esa misma necesidad del artista por

---

[97] Texto para la presentación del libro Bajo la Mirada de la ceiba (Plástica Tabasqueña), Casa de la Cultura, Villahermosa, Tabasco, 2007.

liberarse de yugos y por los sendos intereses comerciables que significa la pintura en el mercado del arte, irrumpe ésta de nuevo en el panorama artístico con el realismo pictórico y más tarde con el hiperrealismo.

La eterna búsqueda de originalidad dará pasos, que por un lado, llevarán a la pintura a reducirla a su soporte, a su realidad material (como sucedió con el movimiento *Supports Surfaces* y por otro, a su reivindicación y resurgimiento (ejemplos precisos de ello fueron *Bad Painting* y el *Pattern Painting* norteamericano, el neoexpresionismo alemán y la trasvanguardia italiana,). La posmodernidad mantendrá equilibrada su balanza entre el concepto, las nuevas tendencias y la pintura; entre el pasado y el presente. Los movimientos apropiacionistas y simulacionistas recurrirán más tarde a la pintura justificando sus valores o más bien su presencia desde premisas contemporáneas, y en este devenir, en que los movimientos surgen, desaparecen y reviven como procesos naturales en la evolución cultural, se ha sido testigo de algo inobjetable: la presencia, siempre, del arte retiniano, de la pintura, y si es el bien de consumo altamente redituable que significa en el *mainstream* de este mundo de economías globales una causa determinante, no se puede ignorar las enormes posibilidades que aún guarda para renovarse como lo ha demostrado reiterativamente su propia historia.

Es por todo ello, que considero un acierto de la Universidad Juárez Autónoma de Tabasco la publicación de un libro que reivindica la vigencia de la pintura por un lado y por otro, reconoce a sus creadores inmersos en esta disciplina como valores indiscutibles de nuestra realidad cultural.

Después de leer y disfrutar *Bajo la Mirada de la Ceiba, Artistas plásticos de Tabasco,* bajo el cuidado editorial de Miguel Ángel Ruiz Magdónel, rememoré la vieja consigna que frecuentemente estigmatiza a las antologías: Ni están todos los que son, ni son todos los que están. En el esfuerzo por agrupar, siempre en función de la buena voluntad, pero sobre todo del reconocimiento de valores, habrán múltiples razones por las ausencias, la falta de respuesta a la invitación a participar como señala su editor es tal vez la más común y comparto esa apreciación en tanto que otras opiniones más, deberán ser contempladas y ponderadas en su valía como remedio para futuras reediciones.

Esto, las ausencias o los excedentes, aun cuando suele ser una condición frecuente rara vez invalidan al producto terminado, sobre todo cuando la apertura para la inclusión (como en éste caso 74 creadores) y las mejores intenciones por rescatar la historia se reconocen en la obra. Una pluralidad que es fácil constatar en este libro, ejemplificada en las distintas propuestas plásticas que lindan entre la figuración convencional inmersa en temas regionales, y esa búsqueda insistente por encontrar nuevas formas de expresión en el arte plástico; tendencia que para buena fortuna del arte tabasqueño muestra su predominio en ésta generosa edición.

En este mosaico de ideas y colores que conforman *Bajo la Mirada de la Ceiba,* que ejemplifican la tendencia plástica de casi un centenar de creadores, nos brinda, ante ese vasto panorama, un vistazo frugal de su historia y si bien una sola imagen no es suficiente para una lectura amplia de la producción artística, con esa escasa información, aunada a los aciertos de algunos textos que aportan otros datos generales del planteamiento estético del artista, se puede hilvanar con objetividad, aceptando el riesgo del juicio sumario, el proceso evolutivo de la plástica tabasqueña. Se detecta en principio, con bastante claridad, la similitud a la historia de la plástica de los otros estados de la república mexicana o del arte latinoamericano en general como probablemente confirmaría Juan Acha; es decir, un arte derivado del reflejo de otras tendencias internacionales, un arte que ha tenido dificultades para significarse en el ámbito mundial, situación que va a la par de actividades intelectuales y culturales de otra índole, así pues, vemos en las primeras generaciones de pintores, al igual que en varios de los artistas que conforma las generaciones intermedias, las marcadas inclinaciones figurativas íntimamente ligadas a una academia comprometida en representar el entorno y de alguna manera también describir nuestras costumbres, situación justificable, difícil de evadir, en vista de la enorme riqueza que nos conforma e identifica como trópico y lo inmerso que aún estamos de nuestras tradiciones (ejemplo de ello serían los artistas: Enrique Gil Hermida, Cadena M., Luis Filigrana, Daniel Ponce Montuy, Miguel Ángel Gómez Ventura, Héctor Quintana, Andrés Pérez Flores *Mac*, Ángeles Beltrán, Berta Ferrer, Alejandro Ocampo, Paulina Leon Palibé, Faustino Franco, Edna Badillo, José Chan, entre otros.).

Como encontramos también distintos creadores de generaciones intermedias y más recientes, que parecen no conformarse con plasmar únicamente el mundo que nos asedia, se valen de su influencia, tal vez, pero buscan afanosamente un discurso que les permita expresarse de manera diferente, búsquedas en las que se avizora un futuro promisorio para éstas prácticas artísticas del Sureste mexicano (entre los que incluiría a: Perla Estrada, José Manuel Morelos, Javier Pineda, Leonardo de Dios Jerónimo, Belem Sigler, Ricardo Torres, Edén García, Víctor Olán, Héctor Pérez, Níger Madrigal, Xóchitl Balcázar, Ramón Briones, etcétera.).

Encontramos, al mismo tiempo, artistas emergentes con un potencial creativo en suma interesante (Eleazar Hernández, Edgarissel

Flores, Jesús Carrillo, José Antonio Ruiz, Juan Cházaro, Ramón Barrales, Mirna Corzo, Francisco Cabrera, como algunos ejemplos); otros, que no reducen su trabajo al lienzo o al papel, que buscan en el objeto más que al cómplice para arribar al concepto como Marcos Lamoy, productores de una obra que hará figurar al arte tabasqueño en la esfera de lo contemporáneo y aquellos que se fueron a destiempo (Ricardo García Mora, Fontanelly Vázquez y Férido Castillo) dejando un legado plástico de indiscutible calidad, que requiere de un estudio acucioso concretamente de sus aportaciones estéticas a la plástica, desde una óptica especializada y rigurosa, ajena a los celebraciones del medio (sin desestima de los sendos y excelentes volúmenes con la obra de Fontanelly y Férido ya existentes dentro de ésta misma colección), para reubicarlos y reconocer su herencia en la extensión plena del término, y finalmente, encontramos a pintores de una trayectoria dilatada, reconocidos en otras latitudes como Felipe Orlando, Fernando Pérez Nieto, Leticia Ocharán (ausentes también) o José Francisco Rodríguez Herrera, que han enaltecido la pintura tabasqueña, cuyos alcances sirven de ejemplo del potencial creativo de la región; autores que con su trabajo contribuyeron de manera importante en la significación del arte moderno mexicano.

Libro, pues, enriquecido de pasado y presente, ilustrador cardinal de un periodo del arte tabasqueño que fungirá, imperecederamente, como memoria indiscutible. Reconocer el pasado es sin duda lo que solidifica el presente, pero entender que este pasado sigue vigente, activo y aportando a la amalgama cultural que nos identifica como región diversa y única, debe ser mejor aún. Una realidad es inobjetable, los valores que conllevan las distintas disciplinas que conforman el arte de hoy, no pueden medirse solamente por lo novedoso, como tampoco descalificarse por lo viejo, (ni todo lo nuevo es óptimo, ni lo añejo mejor) las barreras impiden su entendimiento y peor aún el reconocimiento a lo aportado; son tiempos de aprender a respetar espacios, inclinaciones, tendencias, es por ello que veo en este libro de arte, a más de ser un instrumento imprescindible que revalora la pintura en estos tiempos convulsos aparentemente inclinado, de manera absolutista, por las nuevas tendencias, lo considero una herramienta precisa para entendernos, conocernos mejor y aceptarnos tal cual somos. Mirar la plástica tabasqueña a través de este magnífico catálogo y hacerlo desde una trinchera social distinta, es decir, desde esa conspicua ciudad fronteriza que es Tijuana donde radico, ciudad con una cultura impregnada de influjos múltiples en la cual los criterios y las preferencias por el arte contemporáneo parecen imponerse porque así lo exige el mercado internacional, me permitió reconocer las profundas raíces que aún persisten en mi trabajo de este fascinante y plural cromatismo del trópico; consintió, por otro lado, reivindicar mi convencimiento de que con la pintura aún hay mucho que decir; me confirmó, también, lo imperativo por aprender a respetar las otras propuestas deslindadas de la pintura, que seguro estoy, se experimentan en estas regiones cada día con mayor intensidad y de las que sin duda, serán recogidas en memorias como se ha hecho hoy con la pintura.

Si bien es indiscutible el reconocimiento y respeto por las tendencias, es menester recordar lo esencial que resulta, sin que esto se escuche a reconvención, la autocrítica en nosotros los creadores y el compromiso, en el caso de los pintores, a expresarnos más allá de los límites conservadores de la pintura, sobre todo ahora que la pintura no responde a un criterio formalista único y no está doblegada por la historia, y tiene a su alcance todos los conceptos, estilos y materiales para su ejecución; bajo estas premisas pues, habrá que plantearse las futuras obras plásticas, como alternativa confiable, quizá, para hacer inobjetable el derecho a insertarse en la contemporaneidad.

Si bien, como apunta en la presentación de éste catálogo la rectora Candita Gil Jiménez: "la Universidad sabedora de que la cultura es la base que sustenta la educación y formación de la sociedad […] y la aportación que éste tipo de publicaciones representa para la divulgación y preservación de la identidad regional"; agregaría, la relevancia estriba, igualmente, en su aportación a la cultura universal, de la que confiamos emergerán otras voces y formularán juicios críticos, que sin equívocos, nos obligarán como creadores a nuevas reflexiones para bien de la realización de un arte congruente con su tiempo y reflejo fiel de la realidad social que vive.

Tijuana, B. C. / Villahermosa, Tabasco, marzo 2007.

www.ingramcontent.com/pod-product-compliance
Lightning Source LLC
Chambersburg PA
CBHW071302220526
45468CB00001B/234